新時代の教育を
クリエイトする
教師

梅澤 実[編著]

東洋館出版社

はじめに／新時代の教育をクリエイトする教師

　近年、全国における教師不足が発生しており、教師をいかに確保するのかが課題となっている。公立学校の教員採用選考試験の受験者数を見ても毎年下がってきており、採用倍率が最低を更新している状況にある。

　そのような中、国は、「教師不足」について、67都道府県・指定都市委員会及び大阪府豊能地区教職人事協議会（計68）を対象として行った「『教師不足』に関する実態調査」の結果を2022年1月に公表した。この調査における「教師不足」とは、臨時的任用教員等の講師の確保ができず、実際に学校に配置されている教師の数が、各都道府県・指定都市等の教育委員会において学校に配置することとしている教師の数（配当数）を満たしておらず、欠員が生じる状態のことであると定義している。

　結果として、例えば令和3年度始業日時点の小・中学校の「教師不足」人数（不足率）は合計2,086人（0.35%）、5月1日時点では1,701人（0.28%）であった（文部科学省『「教師不足」に関する実態調査』結果、2022年より）。

　同調査の結果から、「教師不足」の要因を見ると、産休・育休、病休者数の増加、特別支援学級数の増加により、必要な臨時的任用の教師の数が見込みより増加したこと、また、採用者数の増加に伴い講師名簿登録者がすでに正規採用されたことによる、講師名簿登録者数が減少し臨時的任用教師のなり手不足が挙げられていた。さらに、講師名簿登録者や退職した教師が教員免許状を更新しておらず失効した、もしくは更新手続きの負担により更新がなされておらず採用できなかったり、本人が辞退したりするケースによる要因が、半分以上の自治体で認識されたことを挙げていた。

　一方で、働き方改革も推進されているが、世の中の教師の仕事に対する見方も影響を与えている。授業以外の生徒指導や保護者対応、中学校においては部活動、その他の事務作業等過酷な労働環境による長時間労働のイ

メージは未だ払拭されず、教師志望者の迷いや志望取り止めにつながるという状況である。（最近は、勤務地による辞退者も増えてきている。）

　次代を創る人材の育成は、教育の在り方にかかっており、とりわけ、教育の直接の担い手である教師の力や役割が、これまで以上に重要となる。先行き不透明で加速度的に変化し、より複雑化・多様化する社会をたくましく生きることのできる子どもに必要な資質・能力は、「生きる力」の基盤となる「学びに向かう力や人間性」であり、この基盤の上に習得される何を理解し、何ができるかという「知識・技能」やその「知識・技能」をどう使うかという「思考力・判断力・表現力等」である。これらの資質・能力を子ども一人一人に、総合的にバランスよく育むためには、学校及び教師の果たすべき役割や責任、意義について、教師の養成段階から、学生が自分ごととして理解し、考えをもてるようなアプローチが大切になる。

　つまり、「教育とは？」「学校とは？」「教師とは？」という問いを持ち続け追究し、自分自身の考えの構築に向けて学び続ける必要がある。

　そこで、本書では「新時代の教育をクリエイトする教師」としてⅠ～Ⅳの４つの観点を提起し、その上で観点ごとに12の章に絞って重要事項を掲げている。４つの観点は、【Ⅰ　学校の意義と教師の役割】【Ⅱ　教師の養成と学び続ける教師の資質・能力】【Ⅲ　教師の仕事遂行に必要な資質・能力】【Ⅳ　チーム学校を支える学校運営】である。

　この４つの観点をまとめると、新時代の教育をクリエイトする教師となるため、これからの学校の在り方やその中で未来を見据えた教師の役割と資質・能力の明確な理解の基に、教師の養成・採用段階から直接体験を生かし学び続ける教師としての姿勢を身につけていく必要がある。その上で、具体的には個別最適な学びや協働的な学びを可能とするコミュニケーションを活かした授業づくりや、安心して生活できるような生徒指導の充実による学級経営指導力を磨くとともに、保護者や地域社会と連携したチーム学校を支える学校運営に尽力していくことが求められる、ということである。以下、観点ごとに、どのような学びを目指すのかについて捉えておき

たい。

【Ⅰ 学校の意義と教師の役割】

　第1章では、「そもそも学校とは何か」、「学校の役割とは何か」について、教育の目的や学校の機能から考え、その目的や機能を果たすための「教師の仕事にはどのようなものがあるのか」を学生のこれまでの経験も活かしながら整理し考えていく。

　第2章では、「教師とはどのような専門職なのか」について考え、捉え直し理解を深めていく。教師は教え方のみならず学び方の専門家であると同時に、対人関係職としての専門性が高い仕事である。この点について、ドナルド・ショーンの「反省的実践家」という専門家像から捉え直す。そして、対人関係専門職として学び続ける教師の資質・能力について考え、これから複雑な課題が山積する学校現場において、どのような教師として生きていくことが必要なのかを追究していく。

　第3章では、現在推進している2020年代を通じて実現を目指す「令和の日本型学校教育」、その具体的な姿としての「個別最適な学び」と「協働的な学び」の重要性や、この学びを支える教師の資質・能力について理解し考えを深めていく。

【Ⅱ 教師の養成と学び続ける教師の資質・能力】

　第4章では、観点Ⅰの第1章から第3章を踏まえ、教師の養成段階における理論と実践の往還の意味や意義について、佐藤学氏による「理論の実践化」、「実践の理論化」、「実践の中の理論」という3つの関係から捉えていく。加えて、本学における省察を媒介とした4年間の具体的な学び方について、理解を深めていく。

　第5章では、教員の資質・能力の日常的な向上を図るために、本学が作成した「教育実践力向上CBT（Computer based Training）」を活用することの意義や効果的な活用方法について理解を深めていく。教育実習期間

が短い日本において、短期間で実践的な指導方法を学ぶために、実践的な指導方法の教材としての「教育実践力向上CBT」をどのように活用していくことが有効であるのかについて考えていく。

第6章では、「教師が学ぶとは、どういうことなのか」について、コクラン－スミスとライトルの論じた「実践のための知識」「実践における知識」「実践としての知識」という3つの概念を基に捉え考えていく。そして、採用段階のキャリアステージに応じて求められる資質・能力には、どのようなものがあるのかを「教員育成指標」から理解するとともに、自分ごととして学び続けることの重要性について考え理解を深めていく。

【Ⅲ　教師の仕事遂行に必要な資質・能力】

第7章では、協働的な学級集団をつくる上で重要となるコミュニケーション力について考え理解する。コミュニケーションには、バーバルコミュニケーションとノンバーバルコミュニケーションがあり、この両方を一致させて相手に伝えることが大切なことを理解する。そのため、信頼関係に基づいた良好なコミュニケーションに必要なラポールを築くことや、相手に自分の気持ちや思い、考えを伝える上で重要な要件となるアサーションについて理解し、協働的な学級集団を形成することの重要性について考えていく。

第8章では、近年、日本の学校の小規模校化が進む中、へき地・小規模校の特性としての「自然的悪条件」「文化的停滞性」「僻遠性」等を「豊かな自然環境」「伝統的な生産や生活様式を地域で学べる」「都市の俗悪性の影響が少ない」等、教育上のプラス面として捉え直すパラダイム転換を図り創造的な教育活動を積み重ねることにより、教育効果を上げる環境や状況にあることを理解していく。そして、少人数であることで、個々の子どもに目が行き届く、子ども間・教師と子ども間・子どもと地域間の協働関係が作りやすいといった利点を活かしながら、教育本来の意義や可能性について考え、理解を深めていく。

第9章では、児童生徒の様々な生徒指導上の課題とその生徒指導対応で求められる教師の現代的な資質・能力について捉えていく。あらゆる生徒指導上の課題において、2022年大幅改定された「生徒指導提要」で示された生徒指導の基本的な考え方である4層からなる支援構造（「発達支持的生徒指導」「課題未然防止教育」「課題早期発見対応」「困難課題対応的生徒指導」）を基に、予防的生徒指導から具体的課題対応生徒指導までの重層的な対応について、理解を深めていく。

【Ⅳ　チーム学校を支える学校運営】

　第10章では、子どもたちに「生きる力」を育む上で、重要となる地域探究学習について捉えていく。義務教育においては、実社会や実生活の中から問いを見出し、自ら課題を設定し、情報収集・整理・分析をしてまとめ・表現しながら自己の生き方を創ることを目指す「総合的な学習の時間」で取り組まれてきている。その取組の過程では、特に探究的に個別及び協働的に学びながら積極的に社会に参画しようとする態度も大切にしてきた。このような観点から、身近な地域を素材とした地域探究学習の重要性を捉えるとともに、より効果的な取組に向けた教師や子どものカリキュラムマネジメント力についての理解を深めていく。

　第11章では、チーム学校が求められる背景を理解するとともに、チームで活動することの意義について、エンゲストロームの活動理論を基に学び、子ども一人一人の学びの在り方について、学校としてどのような運営が必要なのかを考え、認識を深めていく。

　終章では、チーム学校として運営していく上で重要となる未来の教師の在り方について考える。いつも指導性の強いリーダーとしてではなく、子ども一人一人の主体性を育むことができる支援型リーダーとしての教師の役割が求められていることを理解する。そして、子ども一人一人の自律的な学びを実現するために、教師はどのようなことに留意して取り組む必要があるのかを考えていく。

以上、4つの観点をもとに「新時代の教育をクリエイトする教師」について捉え、考えを深めていく。未来を生きる子どもたちが、自分の感じ、考えたことを表現したり、物事を批判的に考え議論し合ったりしながら、自分の生き方に責任をもって行動できるような支援のできる教師、そして、教師集団であることが求められている。自律的に思考・判断し行動するとともに、協働的に支え合い学ぶ教師は、省察を通した理論と実践の往還を図りながら学び続ける実践家でなければならない。
　本書では、「新時代の教育をクリエイトする教師」を目指し、特に考えてほしい観点として4つを取り上げ構成している。そして、各章の内容について認識を深め新たな考えを構築できるよう、章末には課題を提示した。その課題に対し、本書の内容を基盤として、さらに多様な視点からの見方・考え方を広げ、自分の教育観に磨きをかけていくことを期待する。

目 次

はじめに／新時代の教育をクリエイトする教師 …………………………… 1

I
学校の意義と教師の役割

第1章 学校の存在意義や機能と教師の仕事　12
1 ● 学校とは ……………………………………………………… 12
2 ● 教育の目的と学校の機能 …………………………………… 14
3 ● 教師の仕事 …………………………………………………… 16

第2章 対人関係専門職として求められる教師の資質・能力　21
1 ● 対人関係専門職としての教師 ……………………………… 21
2 ● 省察的実践家としての教師 ………………………………… 21
3 ● 対人関係専門職として学び続ける教師の資質・能力 …… 24

第3章 「個別最適な学び」と「協働的な学び」を支える教師の資質・能力　30
1 ● 令和の日本型学校教育 ……………………………………… 30
2 ●「個別最適な学び」と「協働的な学び」………………………… 32
3 ●「個別最適な学び」と「協働的な学び」を支える
　　教師の資質・能力 …………………………………………… 34

目 次

II
教師の養成と学び続ける教師の資質・能力

第4章 教育実習に活かす省察を媒介とした理論と実践の往還　40

1 ● 理論と実践の往還……………………………………………………40
2 ● 省察を媒介とした理論と実践の往還を図った
　　カリキュラム……………………………………………………………41
3 ● 効果的な省察……………………………………………………………45

第5章 「教育実践力向上CBT」実践問題の日常的意識化と学び続ける資質の涵養　48

1 ●「教育実践力向上CBT（Computer based Training）」
　　の活用……………………………………………………………………48
2 ● 教員養成段階における教育実習・教育実践機会の
　　拡充と省察的実践………………………………………………………49
3 ●「教育実践力向上CBT（Computer Based Training）」
　　設問の構成と特徴………………………………………………………51
4 ●「教育実践力向上CBT」問題集の日常的活用と
　　スパイラル的な実践力の育成…………………………………………55

第6章 学び続ける教師のキャリア形成　59

1 ● 実践としての知識………………………………………………………59
2 ● 教員育成指標から見る資質・能力……………………………………61
3 ● キャリアステージに応じた資質・能力の育成………………………65

III
教師の仕事遂行に必要な資質・能力

第7章 協働的な集団づくりを支える学級経営指導力 72
- 1 協働的な学級集団 …………………………………… 72
- 2 コミュニケーション力 …………………………………… 74
- 3 バーバル及びノンバーバルなコミュニケーション力の育成 …………………………………… 75
- 4 アサーションスキルの向上 …………………………………… 78

第8章 へき地・小規模校の特性を生かした普遍的な学習指導力 85
- 1 へき地・小規模校の現状と将来 …………………………………… 85
- 2 へき地・小規模校の研究・実践の歴史的変遷 …………………………………… 87
- 3 現代の教育政策とへき地・小規模校教育 …………………………………… 90

第9章 課題予防的生徒指導の方向性と教師の資質・能力 94
- 1 生徒指導課題の複雑性と課題予防的生徒指導の方向性 …………………………………… 94
- 2 生徒指導課題と課題予防的生徒指導対応力 …………………………………… 96
- 3 生徒指導の課題対応におけるチーム支援とチーム学校協働力 …………………………………… 98

目 次

Ⅳ
チーム学校を支える学校運営

第10章　地域探究学習とカリキュラムマネジメント力　104

1 ● 求められる社会に開かれた教育課程と地域探究学習 … 104
2 ● 地域探究学習の指導方法と地域協働型教師の指導力の向上 …………………………………… 105
3 ● 地域探究学習活動と教師に求められるカリキュラムマネジメント力 ……………………………… 109
4 ● 学習成果の地域還元とまちづくりへの参画 ………… 110

第11章　多様な指導を支えるチーム学校としての協働的な学校運営力　114

1 ● チーム学校 ……………………………………… 114
2 ● 活動理論 ………………………………………… 115
3 ● 文化歴史的活動理論と協働的実践活動としてのチーム学校 …………………………………… 120

終　章　集団としての自律的な力を育むファシリテーターとしての教師　123

1 ● ファシリテーション ……………………………… 123
2 ● ファシリテーターの技術 ………………………… 124
3 ● ファシリテーションを活かした授業 ……………… 126

おわりに／未来の教師 ………………………………………… 131

I

学校の意義と教師の役割

第1章 学校の存在意義や機能と教師の仕事

1 ● 学校とは

　そもそも、「学校とは何か？」「学校の役割とは何か？」と聞かれたら、どう答えるだろうか。児童生徒は義務教育において、当たり前に小、中学校へ通い生活をしている。通うのが当たり前であり、また、中学校段階の終わりには希望に沿う、沿わないに関わらずほとんどの生徒が高校受験を経験し進学している。当たり前の状況だからこそ、教師を目指す人ならば、あえて意図的に立ち止まり「学校とは何か？」「学校の役割とは何か？」について考えてみる必要があるのではないだろうか。

　現行法制上は、学校教育法に学校の種類、名称が規定されており、これらの学校は国、地方公共団体及び学校法人のみが設置できるものとなっている。例えば、『小学校教育用語辞典』(細尾萌子／柏木智子編集代表、ミネルヴァ書房、2021年）には、以下のような説明がある（注1)。

> 　厳密に定義するなら、学校教育法第1条の法文で規定される、幼稚園、小学校、中学校、義務教育学校、高等学校、中等教育学校、特別支援学校、大学及び高等専門学校だけが学校である。しかし、厳密な定義から外れていても、次の特徴をもった教育機関を、私たちは慣用的に「学校」と呼ぶ。被教育者に対して、①一定の教科書・教材を、②一定の順序のカリキュラム・時間割に従い、③（教室などの）一定の場所に集まり、④（少数の）教師から（多数の）生徒へ教育する施設は、例えば、専門学校やオルタナティブ・スクールでも「学校」と呼ぶのである。これらの特徴をもち、特定の教育目標に向かい意図

> 的・継続的に教育を行う「学校」はもちろん、被教育者の成長・解放を願う施設〔…〕。

　このことから、学校は、一定の目的をもつこと、定まった場所で、教師が、児童生徒や学生に、一定の教科書や教材をつかって、一定の順序のカリキュラム・時間割によって組織的、計画的、系統的、継続的に教育を行う施設であるといえる。

　また、国は2015年に2030年の社会と、そして更にその先の豊かな未来を築くために、教育課程を通じて初等中等教育が果たす役割を意図し「教育課程企画特別部会　論点整理」を示したが、その中で「学校の意義」について以下のように述べている（注2）。

> 　学校とは、社会への準備段階であると同時に、学校そのものが、子供たちや教職員、保護者、地域の人々などから構成される一つの社会でもある。子供たちは、学校も含めた社会の中で、〔…〕様々な人と関わりながら学び、その学びを通じて、自分の存在が認められることや、自分の活動によって何かを変えたり、社会をよりよくしたりできることなどの実感を持つことができる。
> 　そうした実感は、子供たちにとって、人間一人一人の活動が身近な地域や社会生活に影響を与えるという認識につながり、これを積み重ねることにより、地球規模の問題にも関わり、持続可能な社会づくりを担っていこうとする意欲を持つようになることが期待できる。学校はこのようにして、社会的意識や積極性を持った子供たちを育成する場なのである。〔…〕
> 　このように、学校は、今を生きる子供たちにとって、現実の社会との関わりの中で、毎日の生活を築き上げていく場であるとともに、未来の社会に向けた準備段階としての場でもある。〔…〕

I　学校の意義と教師の役割

　つまり、学校は社会への準備段階として位置づけられる。また、学校そのものが一つの社会であり、児童生徒がその社会で実感を伴って生活することにより、一人一人の活動が身近な地域や社会生活に影響を与えるという認識につながり、結果として、現実生活の中で社会的意識や積極性を培う場であると理解できる。

　このように、学校の意義については、上述のような制度としての学校や社会的機能としての学校、その他に、経済的価値としての学校等、様々な見方から考えることもできる。以下では、学校の「目的と機能」について詳しく考えてみよう。

2 ● 教育の目的と学校の機能

　広田照幸氏は、著書『学校はなぜ退屈でなぜ大切なのか』(ちくまプリマー新書、2022年) で、学校の目的について考えるときは「目的」と「機能」を区別して整理する必要性について述べている。具体的に広田氏によれば、「『目的』も『機能』も普段よく使われている言葉で、日常用語だと区別されないこと」もあると述べる (注3)。学校がすべきことを考えるときには、「『目的』と『機能』をきちんと区別しないと」いけないとし、「目的には意図が存在」するが、「機能とは、何かの作用が生じている」ことであり「意図の有無は無関係」になると述べる (注4)。そこで、学校教育が目指す「目的」と果たしている「機能」とを区別してみる必要性を述べ、今の学校が「大きな目的を失ったままの教育」や、本来の目標とは異なる目標を決め、「それに向けた教育になってしまったりしている」ことへの警告を発している (注5)。また、広田氏は、「教育の目的」は法律として教育基本法第1条から、人格の完成を目指して行われることに触れているが、重要な部分として、「平和で民主的な国家及び社会の形成者」を挙げており、自分たちが「未来の新しい社会を作り出していく」ような「形成者」として期待している点を強調する (注6)。さらに、学校教育法

第五十一条1号から3号における高校教育の目標にも触れ、1号の義務教育として行われる普通教育の成果を更に発展拡充させて、国家及び社会の形成者として必要な資質を養うことや、3号の社会について、広く深い理解と健全な批判力を養い、社会の発展に寄与する態度を養うことに注目している。特に、3号の「健全な批判力」については、「社会で今起きていることがいいか悪いかをきちんと吟味して、判断できるようになる」ことと指摘する（注7）。このことからも、社会の一員になる、社会に適応するレベルに留まらないことが理解できる。

　学校の機能については、「学校が社会の中で果たしている作用、『学校の社会的機能』という観点」で見ると、教育社会学においては「①『社会化』と、②『選抜・配分』」という「二つの主要な機能を果たしている」と述べる（注8）。一つ目の「社会化」という機能は、「『教育の目的』に基づくフォーマルなカリキュラム」に則り、「さまざまな具体的な教育活動は、知識や価値に関して子どもたちを社会化しようとするもの」と、「学校が期待するものとは別のもの」を学び「勉強の中身以外の面でも、大人の目から見てよいことと悪いことの両面を含んだ社会化」を「させる場として機能している」と述べる（注9）。前者は結果の不十分さはあるが、「学校教育の目的と学校の機能が重なっている」とし、後者はさまざまな「仲間集団の間での人づきあい」から「世間のいろいろな目新しい情報を手に入れ」学ぶと述べる（注10）。

　二つ目の「選択・配分」という機能は、「子どもたちを選抜し、評価し、社会の中の異なるポジションに振り分けていく機能を果たしている」とし、小学校から中学校へ、その後は高校へ入学したり、専門学校から就職したり、あるいは大学や大学院に行ったりして、「卒業証書の有無や、職業資格の有無が、その後の人生の歩みに大きな影響」をもつという「選抜・配分」をしていると述べる（注11）。この機能として、「子どもたちは生まれ育った家庭から抜け出して、広い世界に出ていくことができる」という面と受験競争により「選抜それ自体が、個々人のチャンスを左右してい

る」というような面があることを指摘している（注12）。これは、学校の社会的機能が、作用の仕方で、子どもたちの成長にプラスにもマイナスにも大きな影響を与えていることを示しているのである。

3 ● 教師の仕事

　大学１年生に「教師が行う仕事には、どのようなものがあるか。」と聞くと、ほぼ全員が１番に「授業」という。やはり、教師のイメージとして、教室で授業をしている姿が象徴的なのである。その他として、児童生徒との関わり（遊びや相談等）、答案用紙の採点、喧嘩などへの指導（生徒指導）、保護者への対応、中学校ではそれらに加えて部活動の指導などが挙げられた。

　一方で、様々な実習を体験した上学年の学生に聞くと、授業以外に、朝の交通安全指導、児童生徒の欠席状況の確認や健康チェック、授業で活用する教材の作成やプリントの印刷、突発的な電話対応、給食指導や掃除の指導、様々な会議などが挙げられた。体験を重ねることで理解の広がりや深まりを認識できるが、教師の仕事は多様であり他にもある。

　この教師一人一人が具体的に担当する仕事の内容や役割のことを教師の「職務」という。もちろん、校長など管理職の職務内容とは違いがある。以下、「職務」と「校務」について中央教育審議会「教員の職務について」配布資料（2006）を基に説明する。「『職務』とは、『校務』のうち職員に与えられて果たすべき任務・担当する役割（具体的には、児童生徒の教育のほか、教務、生徒指導又は会計等の事務、あるいは時間外勤務としての非常災害時における業務等がある）」である。「『校務』とは、学校の仕事全体を指すもので」、「学校がその目的である教育事業を遂行するため必要とされる全ての仕事」を指し、具体的には表１のような範囲に及ぶ（注13）。

表1　校務の具体的な範囲

○教育課程に基づく学習指導などの教育活動に関する面
○学校の施設設備、教材教具に関する面
○文書作成処理や人事管理事務や会計事務などの学校の内部事務に関する面
○教育委員会などの行政機関やPTA、社会教育団体など各種団体との連絡調整などの渉外に関する面　　　　　　　　　　　　　　　　　　　　　　　　　等

＊中央教育審議会「教員の職務について」教職員給与の在り方に関するワーキンググループ（第8回）、2006年、配付資料5により筆者作成。

以下では、通常学級の担任として考えられる一般的な職務を挙げてみる。

(1) 教科等の指導

　仕事の中心となる教科指導等の授業である。授業を行うためには、目標を定め、指導計画を作成するとともに、計画に則り教材研究等の準備の上で実際に授業を行う。授業後には評価や試験を行い、授業改善を図っていく。また、教科以外にも例えば、学校で行われる運動会や体育祭、学習発表会や文化祭といった様々な学校行事に関わる指導がある。

(2) 児童生徒への関わりと実際の指導

　朝及び帰りの会やホームルームにおける児童生徒への関わりや指導、給食や校内清掃の指導、その他多様な手法による児童生徒一人一人の実態把握と問題行動等への対応や指導等がある。

(3) 進路やキャリア教育に関わる指導

　一人一人の児童生徒への進路相談やそのための情報の収集と整理、各学校で行われる総合的な学習の時間及び、学校行事における職場体験に関わる関係機関等との連携による計画、実施、評価、改善とそれらに関わる指導がある。

(4) 様々な事務処理と施設、設備の管理

上述の指導を行う上で、対外的な連携を必要とする際の文書の作成や評価に関わる成績処理、児童生徒一人一人に関する指導要録や学期ごとの「あゆみ」(発行は義務ではないが、ほとんどの学校で発行)に関わる作業、学期ごとにかかる教材費等の収集と処理、各種取組を円滑に実行するための施設や設備の定期的な点検と管理等がある。

> ＊これらの指導等は、具体的には学級経営の内容であり、円滑な取組が可能となるような支持的風土に満ちた親和的な雰囲気のある学級づくりが重要である。学級づくりには、学級通信の発行や定期的な個別の面談等による関わりや実態把握等を含めた日常的な信頼関係づくりに尽力するとともに、保護者や地域住民との連携・協力が必要不可欠である。

(5) 部活動に関わる指導

現状、外部人材の活用も増えてきているが、中学校では部活動の指導を担当していると、これに関わる日常及び試合等における指導がある。

(6) 校務分掌等の取組

学校を運営するためには、教師等一人一人が様々な役割を担って運営に関わる必要がある。その分担のために作られた組織を校務分掌という。この校務分掌に関するものを業務という。各学校により名称が異なる場合もあるが、校務分掌には、例えば、教育課程を担当する教務部や、研修を担当する研修部、生徒指導に関わる業務を担当する生徒指導部、健康・安全や体育的行事等を担当する健康部といった分掌があり、全教師がどこかの分掌に属しており、役割を担っている。

以上、大まかに教師の職務を見てきたが、その特徴は多種、多様である。また、昨今の配慮を必要とする児童生徒の増加と対応、家庭環境の変化に

伴う学校教育の担う領域の拡大等、課題が多様化、深刻化しており、国や各自治体としても軽減につなげる方策を進めているところである。このような状況から教師の職務は変革期にあり、今後の動向にも注視するが、教師の職務遂行の根底には、児童生徒の健やかな成長、つまり未来をたくましく生きていくことのできる資質・能力を児童生徒に育むという目的に向かって日々行われていることを忘れてはならない。目的を見失い、効率化や形式化のための手段や精選のみに捉われた負担軽減とならぬよう留意する必要がある。

　また、未来の教師という視点から、ICTの活用や目覚ましく進化するAIとの関係を考えずにはいられない。ICTやそこに組み込まれるAIの技術により、教育における活用は、これまでの固定化された学習指導や事務作業等に関する方法にも変容をもたらしている。ビックデータを扱うAIは、人の処理能力を上回り、単純作業のみならず、例えば、職務の一部を置き換え可能な状況にまで及んできている。

　働き方改革にも関わるが、大切なことは、先端技術の安易な形式的導入ではなく、新しいテクノロジーを使ってみることで変化を理解することと、どのような活用が児童生徒の主体的な学びや教師の職務上の手助けにつながるのかを模索することである。日々変化するテクノロジーを目的達成のために使っているという自覚をもち意識し続ける姿勢がないと、ICTやAIネイティブと言われる今の児童生徒に指導することはできない。特に、教育においては、「人間だからできることは何か、教師だからできることは何か」という問いを大切に、取り組んでいく必要がある。ICTやAI活用の目的を明確にするとともに、児童生徒が主体的に課題を設定したり、その課題解決のために調べたり、議論し合意形成しまとめた解決策を実行、または発信したりすることで自分自身の生き方につなげられるような支援や指導を行うことが重要である。特に、教師は生身の感覚を大切にして児童生徒一人一人に寄り添いながら、児童生徒が主体的な学びを実現できるようきめ細かな支援や指導に務める必要がある。

I　学校の意義と教師の役割

> **課題**
> ・経済的価値としての学校とは、どのようなことか調べてみよう
> ・教育の目的と学校の意義を踏まえ、教師の役割について考えよう
> ・教師の仕事について、どんなものがあるのか具体的に挙げてみよう

注記

注 1　細尾萌子／柏木智子編集代表『小学校教育用語辞典』、2021 年、1 頁
注 2　文部科学省「教育課程企画特別部会における論点整理について」（報告）、2015 年、2 頁
注 3　広田照幸著『学校はなぜ退屈でなぜ大切なのか』ちくまプリマー新書、2022 年、51 頁
注 4　同『学校はなぜ退屈でなぜ大切なのか』52 頁
注 5　同『学校はなぜ退屈でなぜ大切なのか』53 頁
注 6　同『学校はなぜ退屈でなぜ大切なのか』54-55 頁
注 7　同『学校はなぜ退屈でなぜ大切なのか』60 頁
注 8　同『学校はなぜ退屈でなぜ大切なのか』63 頁
注 9　同『学校はなぜ退屈でなぜ大切なのか』63-65 頁
注 10　同『学校はなぜ退屈でなぜ大切なのか』63-64 頁
注 11　同『学校はなぜ退屈でなぜ大切なのか』65 頁
注 12　同『学校はなぜ退屈でなぜ大切なのか』66-68 頁
注 13　中央教育審議会「教員の職務について」教職員給与の在り方に関するワーキンググループ（第 8 回）配付資料 5、2006 年

参考文献

1　教育の未来を研究する会『最新教動向 2024』明治図書、2023 年
2　広田照幸著『学校はなぜ退屈でなぜ大切なのか』ちくまプリマー新書、2022 年
3　西川純『2030 年教師の仕事はこう変わる！』学陽書房、2018 年
4　吉田武男監修編著『教職論』ミネルヴァ書房、2019 年

第2章 対人関係専門職として求められる教師の資質・能力

1 ● 対人関係専門職としての教師

　教師は、教え方のみならず学び方の専門家である。そして、学び続ける専門家であると言われる。また、職業柄児童生徒や同僚の教師をはじめ、保護者や地域住民、関係機関の人々等様々な人と関わり合い仕事を行う専門家でもある。このように「人間関係の視点を正面に据えて教職を捉え直す」場合、「対人関係専門職」という考え方がある（注1）。

　「対人関係専門職」とは、今津氏によると、「医師・看護師・カウンセラー・介護士・ソーシャルワーカー・弁護士・教師に共通に見られるような『対人関係』を核とする職業」を指し、「他者に寄り添いながら、さまざまなニーズに応え、抱える問題を解明し、問題解決に向けた手立てを講じて、他者の生活の充実に資することによって、他者から喜ばれ満足されるような関係を築き上げること」を「独自性とする専門職を総称したもの」であるという（注2）。まさに、教師は児童生徒一人一人の成長を目指し、実態に応じた個別最適な指導や支援を行い続ける対人関係職として大変専門性の高い職業である。

2 ● 省察的実践家としての教師

　次に、専門職の理論や位置づけから考えてみよう。ドナルド・ショーンは著書『反省的実践家 – 専門家は行為の中でどう思考するか』（The Reflective Practitioner :How Professionals Think in Action. Basic Books、1983.を佐藤学・秋田喜代美が翻訳）において、次のように述べている。

Ⅰ　学校の意義と教師の役割

　「『専門職（profession）』という言葉は、その語源において『神の信託（profess）』を受けた者を意味」しており、「最初に『専門職』と呼ばれたのは牧師」であったが、近代社会の進展とともに「実証的な科学や技術に置き換えられた」とし、「近代の専門家は『技術的合理性（Technical Rationality）の原理』を根本原理として成立している」と述べている（注3）。
　つまり、科学的技術の合理的適用が実践であると捉えられたのである。この「技術的合理性の原理」によって、「基礎科学と応用技術の知的体系が整備された医者や弁護士は『メジャーな専門職』として認知」される一方で、「看護婦や教師や福祉士のような複雑な実践の性格上、基礎科学や応用技術を厳密化することが困難な領域の専門職は『マイナーな専門職』として地位や待遇が低く扱われてきた」というのである（注4）。このように、近代の専門家の概念は、基礎と応用と実践という順序により階層性（ヒエラルキー）を形成していたのである。
　したがって、「専門家教育は、『基礎科学』から始まって、『応用科学（技術）』へと進み、最後に『実習指導』によって完結」するというカリキュラムの構造となっており、教師教育の場合も「『教育原理』」や教育社会学、教育心理学などの「基礎科学」から始まり、国語科や算数科などの「『教科教育法』（応用科学（技術））へと進み、最後に『教育実習』が行われてきた」という位置づけとなる（注5）。
　ところが、ショーンは「現代社会に生起している医療、訴訟、建築、都市計画、教育、経営、臨床心理などの諸問題は、いずれも複合的」で、「複雑な文脈で生じ」ており、「専門分化した科学的技術の適用のみを行っている専門家」というのは、「問題の解決には何ら貢献しえない」と指摘する（注6）。
　つまり、細分化された専門的な知識や技術の適用だけでは限界であり、解決はできない。そこで新たに「現実と経験から学び、あらゆる知識と経験を総合する『実践的認識論』や『行為の中の省察』に依拠した『反省的（実際の内容的には省察的）実践家』という専門家像」（注7）を提起した

のである。「専門家の専門性とは、活動過程における知と省察それ自体にあるとする考え方であり、思考と活動、理論と実践という」どちらかを重視するという意味での「二項対立を克服した専門家モデルである」と指摘する（注8）。

反省的実践家の知を捉える鍵概念は、「**行為の中の知（knowing in action）**」「**行為の中の省察（reflection in action）**」「**状況との対話（conversation with situation）**」の三つである。以下、ショーンの著書を基に説明する（注9）。

> 通常は説明できないし気づいてもいない無意識に行っている判断や技能（わざ）を使っており、そのような「**『行為の中の知（knowing in action）』**」と、自分の行為の中で暗黙に知っていることを振り返る「瞬時に生じては消えてゆく束の間の探求としての思考」である「**『行為の中の省察（reflection in action）』**」、そして、ある活動状況で対象に「驚きや不確かさを感じ」たとき、「この不確かさを解決すべく新たな状況を形づくりながら、またそれを評価する探究」として行われる「**『状況との対話（conversation with situation）』**」の三つである。
> 　＊一方で、ショーンは、行為後の意識的な省察、立ち止まって振り返る思考を「**行為についての省察（reflection on action）**」と呼んでいる。

このようなショーンによる指摘や提起は、科学的に証明されている問題だけでなく、日々の実践の中にある状況から問題を見出し、その問題の中に潜む課題を明確にして設定し、省察を通した試行錯誤を繰り返しながら解決に向かうことで**実践者自身が学び続け獲得する知とその有用性**を明らかにしたものとして大変意義深い。まさに、無意図的で突発的に物事が生じる学校現場における教師の仕事が、その状況の中での探究と思考、つまり、**学び続けることを基本とした高度な専門性を有すること**を証明して

いるのである。

3 ● 対人関係専門職として学び続ける教師の資質・能力

　対人関係専門職である教師は、反省的（省察的）実践家として学び続けることが求められる。この学び続けることの重要性について、過去の中央教育審議会答申（以下、中教審答申と表記）等から見てみよう。

　「新たな時代に向けた教員養成の改善方策について（1997年7月28日　教育職員養成審議会・第1次答申）」の1の（3）では、得意分野を持つ個性豊かな教員として、「画一的な教員像を求めることは避け、**生涯にわたり資質能力の向上を図る**という前提に～」という記述がある（注10）。

　次に、「新しい時代の義務教育を創造する（2005年10月26日　中教審答申）」の第Ⅱ部第2章（1）の①教職に対する強い情熱の項目には、「～教師は、変化の著しい社会や学校、子どもたちに適切に対応するため、**常に学び続ける向上心を持つことも大切**である」という記述がある（注11）。

　また、「教職生活の全体を通じた教員の資質能力の総合的な向上方策について（2012年8月28日　中教審答申）」のⅠの2（ⅰ）には、「教職に対する責任感、探究力、教職生活全体を通じて**自主的に学び続ける力**」という記述があり、学び続ける教員像の確立の必要性が提示された（注12）。

　その後の「これからの学校教育を担う教員の資質能力の向上について～学び合い、高め合う教員育成コミュニティの構築に向けて～（2015年12月21日　中教審答申）」の2には、これからの時代の教員に求められる資質能力として、「これまで教員として不易とされてきた資質能力に加え、**自律的に学ぶ姿勢を持ち**、時代の変化や自らのキャリアステージに応じて求められる資質能力を**生涯にわたって高めていくことのできる力**」という記述がある（注13）。

　さらに、「『令和の日本型学校教育』の構築を目指して～全ての子供たち

の可能性を引き出す、個別最適な学びと、協働的な学びの実現〜（2021年1月26日 中教審答申）」の3には、2020年代を通じて実現すべき「令和の日本型学校教育」の姿として、「教師が技術の発達や新たなニーズなど学校教育を取り巻く環境の変化を前向きに受け止め、**教職生涯を通じて探究心を持ちつつ自律的かつ継続的に新しい知識・技能を学び続け〜」**という記述がある（注14）。

　これらの記述から、「学び続ける教員像」は長年に渡って大切にされてきたものであり、対人関係専門職である教師にとって、学び続けることの重要性は、いつの時代においても変わらず必要不可欠なものとして認識できる。

　つまり、今後加速度的に変化する社会においては、様々な課題が複合的に絡み合って表面化してくる状況にあり、決まりきった解決策だけでは対応しきれない。状況に応じて臨機応変に対応していくためには、学び続ける中で、専門的な知識や技能に磨きをかけるとともに、新たな解決策を絶えず創造しながら具体策を講じなければならないということである。そして、昨今の多様で複雑な子どもの問題行動や荒れる学校という実態から考えると、解決過程においては、多様な人々と連携し一人一人の力を結集したチームとしての取組が必要であり、関わり合うことの重要性も見えてくる。教師個人の専門的な知識や技術の習得とともに、関わり合う様々な人との連携・協働による学びの必要性からも、対人関係専門職として、学び続ける教師であることの重要性が理解できる。

　今津氏は、「教師の資質・能力は、さまざまな力量が総合的に積み重なって」おり、全体として6つの層から構成されると考え、図1のように示している（注15）。

　また、その図1の6つの層AからFの内容について今津氏の著書を基に、簡単に説明したものを表2として示す。

I　学校の意義と教師の役割

資質と能力	内　容	外からの観察・評価	個別的・普遍的状況対応
能力 ↑↓ 資質	A　勤務校での問題解決と課題達成の技能 B　教科指導・生徒指導の知識・技術 C　学級・学校マネジメントの知識・技術 D　子ども・保護者・同僚との対人関係力 E　授業観・子ども観・教育観の練磨 F　教職自己成長に向けた探求心	易 ↑↓ 難	個別的 ↑↓ 普遍的

図1　教師の資質・能力の層構成
＊今津孝次郎著『教師が育つ条件』岩波新書、2012年、64頁により筆者作成。

表2　教師の資質・能力の内容

教師の資質・能力	内　容
A　勤務校での問題解決と課題達成の技能	教師自身が重要な力量として挙げる「実践的指導力」
B　教科指導・生徒指導の知識・技術	一般に想起される「教える知識・技術」
C　学級・学校マネジメントの知識・技術	学級・学校をマネジメントする知識・技術に関する「技術」
D　子ども・保護者・同僚との対人関係力	コミュニケーションなどの「対人関係力」、子どもに対する愛情を含む
E　授業観・子ども観・教育観の練磨	教育者として大切にしている考え方の「練磨」
F　教職自己成長に向けた探求心	専門職として発揮される実践への原動力となる「探求心」

＊同『教師が育つ条件』58頁、64-68頁により筆者作成。

図1の層構成の原理については、「AからFに向かうほど『資質』的側面が強く」、反対に「FからAに向かうほど『能力』的側面が強くなる」配列となっており、「AからFへの順序は外から観察・評価しやすい層から観察しにくい層へという配列」であり、「中間に位置するDが両側面に関わる層」となっている（注16）。

　次に、各層の特徴については、「資質・能力として一般に想起される『教える知識・技術』はB〔指導の知識・技術〕」に、「教師自身が重要な力量として挙げる『実践的指導力』はA〔問題解決技能〕」に、「AはBを基礎として産み出される」が、「深い層のC～Fに支えられてはじめてBそしてAが実現すると考えられる」と説明する（注17）。「つまり、BとC〔マネジメントの知識・技術〕に関する『技術』（テクニック）は、勤務校での個別問題状況を解決する際にはD〔対人関係力〕とE〔教育観〕も動員されてAに結晶し、幅広い『技能』（スキル）として発揮され、A～Fの全体が『資質・能力』（コンピテンス）を成すという層構成である」という（注18）。

　さらに、「資質的側面の大きいD～Fが不十分だと、身につけた力量も勤務する学校組織のなかで生かされずに、その結果としてA〔問題解決技能〕が発揮できなかったり、教職経験年数経過とともにBとCも衰退しやすくなったりする」と指摘する（注19）。

　一方、「対人関係専門職」という捉えからの専門性については、目の前の子どもや保護者との関係において知識・技術を柔軟に応用したり、新たに開発できる能力を発揮したりすることが重要となる。その観点からは「D〔対人関係力〕が要の基準」となり、「クレームを受けることが当たり前になった現代の教師にとって、Dの重要性はいっそう高まっている」と指摘する（注20）。

　このように、AからCのような専門的で体系的な知識や技能のような目に見えやすい課題に対する解決を学ぶだけではなく、DからFのような関わり合う人々と人間関係を結ぶことや対人関係専門職としての信念や

I 学校の意義と教師の役割

思い、専門職として目指すものは何かといった根底にある学びからの資質・能力に支えられてこそ、「学び続ける対人関係専門職」である教師としての力が発揮されるのである。

本章2で述べた「技術的合理性の原理」に基づく専門的知識や技能を適用するだけの「技術的熟達者」としての教師は、変化の少ない安定した場で自分の専門的な知識や技能を無意識に当てはめるという限られた範囲での技術的実践に終始し、目に見えやすく評価しやすい解決を重視し続ける存在となってしまう。それに対して、「対人関係専門職」である教師は、関わり合う人々に知識や技術だけを適用して問題を解決するのではなく、相手との関り合いについての省察を通した試行錯誤、すなわち「状況との対話」を繰り返しながら解決に向かうという意味で、省察的実践家であるといえる。

つまり、省察的実践家は、「既存の科学と技術を適用して問題に回答を与える存在ではなく、複雑に入り組んだ状況の中で実践を通して問いを開き、探究・研究を進めていく」(注21) 人を意味しているのである。まさに、複雑な課題の山積する現状において、課題解決を図っていく行為の中で省察し続ける教師といえる。

> **課題**
> ・「反省的実践家」という概念から、教師の専門性について考えよう
> ・教師は、なぜ対人関係専門職といえるのか考えよう

注記

注1 今津幸次郎著『教師が育つ条件』岩波書店、2012年、54頁
注2 同『教師が育つ条件』岩波新書、2012年、54頁
注3 ドナルド・ショーン著、佐藤学・秋田喜代美訳『専門家の知恵-反省的実践家は行為しながら考える』ゆるみ出版、2001年、4頁

注 4 　同『専門家の知恵 - 反省的実践家は行為しながら考える』5-6 頁
注 5 　佐藤学著『専門家として教師を育てる』岩波書店、2015 年、71-72 頁
注 6 　同『専門家として教師を育てる』岩波書店、2015 年、70 頁
注 7 　同『専門家として教師を育てる』71 頁
注 8 　前掲注 3『専門家の知恵 - 反省的実践家は行為しながら考える』215 頁
注 9 　前掲注 3『専門家の知恵 - 反省的実践家は行為しながら考える』215-216 頁
注 10　教育職員養成審議会・第 1 次答申「新たな時代に向けた教員養成の改善方策について」、1997 年
注 11　中央教育審議会答申「新しい時代の義務教育を創造する」2005 年、19 頁
注 12　中央教育審議会答申「教職生活の全体を通じた教員の資質能力の総合的な向上方策について」、2012 年、2 頁
注 13　中央教育審議会答申「これからの学校教育を担う教員の資質能力の向上について～学び合い、高め合う教員育成コミュニティの構築に向けて～」2015 年、9 頁
注 14　中央教育審議会答申「『令和の日本型学校教育』の構築を目指して～全ての子供たちの可能性を引き出す、個別最適な学びと、協働的な学びの実現～」、2021 年、22 頁
注 15　前掲注 1『教師が育つ条件』63 頁
注 16　前掲注 1『教師が育つ条件』63 頁
注 17　前掲注 1『教師が育つ条件』64 頁
注 18　前掲注 1『教師が育つ条件』64 頁
注 19　前掲注 1『教師が育つ条件』65 頁
注 20　前掲注 1『教師が育つ条件』67-68 頁
注 21　ドナルド・A・ショーン著、柳沢昌一、三輪健二監訳『省察的実践とは何か - プロフェッショナルの行為と思考 -』鳳書房、2007 年、398 頁

参考文献

1 　今津幸次郎著『教師が育つ条件』岩波新書、2012 年
2 　ドナルド・ショーン著、佐藤学・秋田喜代美訳『専門家の知恵 - 反省的実践家は行為しながら考える』ゆるみ出版、2001 年
3 　佐藤学著『専門家として教師を育てる』岩波書店、2015 年
4 　ドナルド・A・ショーン著、柳沢昌一、三輪健二監訳『省察的実践とは何か - プロフェッショナルの行為と思考 -』鳳書房、2007 年
5 　山崎準二・高野和子・浜田博文編『「省察」を問い直す』学文社、2024 年

第3章 「個別最適な学び」と「協働的な学び」を支える教師の資質・能力

1 ● 令和の日本型学校教育

　これからの世の中は、先端技術の高度化により、産業界や社会生活の在り方等、あらゆるものが激変する時代といわれている。特に、生成AIのような新たに開発された技術によって、これまでの私たちの概念を覆すような事実を知る機会が増えてきている状況にもある。一方で、健康を脅かす状況は、社会や経済に大きな影響を与えており、私たちは、先行き不透明で予測困難な生活に不安を抱かずにはいられない。しかし、その不安から必要以上に怯えることは、情報を鵜呑みにして想像の世界に支配され、個を失い消極的に過ごすことにつながってしまう。それは、人としての生きる道ではない。むしろ、混沌とした世界の中で生きることが当たり前であり、だからこそ自律した人間として生きていくことが大切なのである。

　また、子どもを取り巻く環境や状況を見ると、極端な都市化と過疎化の進展や家庭環境の変化に伴う家庭や地域の教育力の低下、それに伴う学校の役割の拡大、学校現場における特別な配慮を要する子どもの増加や多様化・複雑化する生徒指導上の様々な課題が露呈している。このような状況では、学校教育において、「一人一人の児童生徒が、自分のよさや可能性を認識するとともに、あらゆる他者を価値のある存在として尊重し、多様な人々と協働しながら様々な社会的変化を乗り越え、豊かな人生を切り拓き、持続可能な社会の創り手となることができるような資質・能力を育成すること」が重要とされている。(注1)

　中央教育審議会答申「『令和の日本型学校教育』の構築を目指して」(以下「中教審答申と表記」)では、第Ⅰ部の総論で2016年中教審答申におい

て、社会の変化を前向きに受け止め、社会や人生、生活を、人間ならではの感性を働かせてより豊かなものにする必要性を指摘し、求められる資質・能力について、以下のものを挙げている（図1）。

- ・文章の意味を正確に理解する読解力
- ・教科等固有の見方・考え方を働かせて自分の頭で考えて表現する力
- ・対話や協働を通じて知識やアイディアを共有し新しい解や納得解を生み出す力
- ・豊かな情操や規範意識
- ・自他の生命の尊重
- ・自己肯定感・自己有用感
- ・他者への思いやり
- ・対面でのコミュニケーションを通じて人間関係を築く力
- ・困難を乗り越え、ものごとを成し遂げる力
- ・公共の精神の育成等を図るとともに、子供の頃から各教育段階に応じて体力の向上、健康の確保を図ること

図1　育成することが求められる資質・能力
＊「『令和の日本型学校教育』の構築を目指して〜全ての子供たちの可能性を引き出す、個別最適な学びと、協働的な学びの実現〜（中教審答申）」2021年、3頁により筆者作成。

また、国際的な動向では、国際連合が2015年に設定した持続可能な開発目標などを踏まえ、以下のような力を育むことを求めている（注2）。

- ・自然環境や資源の有限性、貧困、イノベーションなど、地域や地球規模の諸課題について、子供一人一人が自らの課題として考え、持続可能な社会づくりにつなげていく力

さらに、経済協力開発機構（OECD）では、子どもたちが2030年以降も活躍するために必要な資質・能力について検討を行い、2019年5月に発表した"Learning Compass 2030"の中では、以下のような資質・能力を挙げている（注3）。

> ・子供たちがウェルビーイング（Well-being）を実現していくために自ら主体的に目標を設定し、振り返りながら、責任ある行動がとれる力
> ＊OECDは「PISA2015年調査国際結果報告書」において、ウェルビーイング（Well-being）を「生徒が幸福で充実した人生を送るために必要な、心理的、認知的、社会的、身体的な働き（functioning）と潜在能力（capabilities）である」と定義。

　まさに、これらの資質・能力は、理念としての「生きる力」を育む上で、その具体として示された、「学びを人生や社会に生かそうとする学びに向かう力や人間性」を根幹として、「生きて働く知識・技能」と「未知の状況にも対応できる思考力・判断力・表現力等」を意味しており、未来の社会の創り手として重要なものとなる。
　そして、上述のような資質・能力を育むために、同答申では、学校教育の在り方のポイントとして、

> ・新学習指導要領の着実な実施
> ・遠隔教育の加速の必要が叫ばれる中、これからの学校教育を支える基盤的なツールとして、ICTの活用

が必要不可欠であると言及している（注4）。

2 ●「個別最適な学び」と「協働的な学び」

　1で述べたような資質・能力を育むために、国は2020年代を通じて実現を目指す学校教育を「令和の日本型学校教育」とし、その姿を「全ての子供たちの可能性を引き出す、個別最適な学びと、協働的な学び」と呼ん

だのである。特に、ICTの活用と少人数によるきめ細かな指導体制の整備により、「個に応じた指導」を学習者の視点から整理した概念である「個別最適な学び」と、これまでも「日本型学校教育」において重視されてきた「協働的な学び」とを一体的に充実することを目指したものとして示している。

「個別最適な学び」と「協働的な学び」の充実により、「自ら課題を見つけ、それを解決する力」を育成するため、他者と協働しながら、自ら考え抜く学びが可能となるのである。このように、「個別最適な学び」と「協働的な学び」が一体となった学びは、周りに流される他律的な生き方から、自律した人間として生きていくための自律的な学びを保障する学びといえる。そして、これらの学びを「どのように学ぶか」という「学びの質」の深まりを大切にした授業改善の視点から「主体的・対話的で深い学び」が求められているのである。

「個別最適な学び」(「指導の個別化」と「学習の個性化」を**学習者の視点**から整理した概念) について、今次学習指導要領では、指導方法や指導体制の工夫改善により、「個に応じた指導」(「指導の個別化」と「学習の個性化」を**教師の視点**から整理した概念) の一層の充実を図るとしている。「指導の個別化」とは、一斉指導を補う、子ども一人一人の特性、認知や学習のスタイル、学習進度、学習到達度 (習熟の程度) に応じて指導方法や教材、学習時間等の柔軟な提供と設定を行うことである。「学習の個性化」とは、学習の仕方 (活動) や内容は子どもによって違いがあり、すなわち、興味・関心等に応じて課題を選択したり、自分で設定したり、学習の順序を選択したりすることで、子ども一人一人の学習が最適になるように調整することである。

一方、「協働的な学び」には、同じ空間で時間を共にすることにより、お互いの感性や考え方等に触れ刺激し合うという特質がある。例えば、教師と子ども、子ども同士の関わり合い (同一学年・学級、異学年、他の学校等)、地域社会における人や物等と関わる体験活動、専門家との交流、

I　学校の意義と教師の役割

自分の感覚や行為を通して理解する実習・実験等の様々な場面でリアルな体験を通じた学びが可能となり、より良い学びへとつなげることができる。さらに、ICTの活用により、空間的・時間的制約に縛られず、子ども一人一人が自分のペースを大事にしながら協働で作成・編集を行う活動や多様な意見を共有しつつ合意形成を図る活動など、「協働的な学び」を広げ深めることもできる。

「個別最適な学び」と「協働的な学び」が組み合わされ実践されているが、大切なことはどちらの学びも、共に活かし活かされる関係であり、一体的に充実させることにより、「主体的・対話的で深い学び」の実現を目指した授業改善を図っていくことである。

3 ●「個別最適な学び」と「協働的な学び」を支える教師の資質・能力

中教審答申「『令和の日本型学校教育』を担う教師の養成・採用・研修等の在り方について〜「新たな教師の学びの姿」の実現と、多様な専門性を有する質の高い教職員集団の形成〜」第Ⅰ部の総論では、2021年中教審答申で示された「令和の日本型学校教育」（その姿は上述した、「全ての子供たちの可能性を引き出す、個別最適な学びと、協働的な学び」）を担う教師及び教職員集団の姿について、以下のように明記している。

> 「令和の日本型学校教育」を担う教師の姿
> ①環境の変化を前向きに受け止め、教職生涯を通じて学び続けている
> ②子供一人一人の学びを最大限に引き出す教師としての役割を果たしている
> ③子供の主体的な学びを支援する伴走者としての能力も備えている
> 教職員集団の姿
> 　多様な人材の確保や教師の資質・能力の向上により質の高い教職員

第 3 章　「個別最適な学び」と「協働的な学び」を支える教師の資質・能力

> 集団が実現し、多様なスタッフ等とチームとなり、校長のリーダーシップの下、家庭や地域と連携しつつ学校が運営されている
> また、教師が創造的で魅力ある仕事であることが再認識され、志望者が増加し、教師自身も志気を高め、誇りを持って働くことができている

*「『令和の日本型学校教育』を担う教師の養成・採用・研修等の在り方について～「新たな教師の学びの姿」の実現と、多様な専門性を有する質の高い教職員集団の形成～」（中教審答申）」2022 年、5 頁により筆者作成。

　つまり、教師が学校を取り巻く環境の変化に対して後手に回るのではなく、前向きに受け止めて、自律的に学び、探求し続けることにより得た新たな知識・技能を基に、一人一人の子どもの学びを最大限に引き出し伸ばすことができる教師であること。そして、多様な人材確保や教師の資質・能力の向上により、質の高い教職員集団であること。また、教職員がチームとして組織的・協働的に取り組む力を校長のリーダーシップの下で発揮し、家庭や地域社会と連携・協力しながら、共通の学校教育目標に向かって学校運営が推進されていること。さらに、学校における働き方改革や教職の魅力を発信し、新しい時代の学びを支える環境整備の実現により、仕事の魅力が再認識され、教師になりたいという者が増えるとともに、教師自身もやる気や誇りを持って働くことができているという姿を目指しているのである。
　このような姿は、「新たな教師の学びの姿」であり、中教審答申では、実現に向け教師の養成・免許・採用・研修に関する制度について、次のような方向性を示した（注5）。
・子供たちの学び（授業観・学習観）とともに教師自身の学び（研修観）を転換し、「新たな教師の学びの姿」（個別最適な学び、協働的な学びの充実を通じた、「主体的・対話的で深い学び」）を実現
・教職大学院のみならず、養成段階を含めた教職生活を通じた学びにお

いて、「理論と実践の往還」を実現する

　つまり、子どもたちが「個別最適な学び」と「協働的な学び」を通じて「主体的・対話的で深い学び」を実現するためには、教師自らも教師の「個別最適な学び」の実現のみならず、「協働的な学び」を実現していく必要がある。子どもにとってのお手本（ロールモデル）として、教師の学びの姿も重要なのである。特に、教師自身も問題から課題を見出し、解決への問いを立て主体的に実践を積み重ねるとともに、他者からの学びを通して振り返り（省察し）、次につなげていくという探究的な学びを継続していくことが求められている。

　また、養成段階において同答申では「新たな教師（教職志望者）の学びの姿」を実現する際の視点である「理論と実践の往還」を図った省察力による学びを実現することが、大切であると指摘し（これについては、次章で具体的に触れる）、「理論知（学問知）と実践知、研究者教員と実務家教員などの、いわゆる『二項対立』」の関係にならないよう留意するとともに、「『理論と実践の往還』を実現するためには、理論の実践化と実践の理論化の双方向が必要である」と、述べている（注6）。

　つまり、「学んだ理論を学校現場で実践するのみならず、自らの実践を理論に基づき省察することが必要」で、「研究者教員が理論を、実務家教員が実践や実習を担当し、それぞれが分断されているという構図ではなく、教師間の連携・協働により、教職課程を運営していく必要」性について言及している（注7）。

　教師の「個別最適な学び」と「協働的な学び」については、中教審による審議のまとめ「『令和の日本型学校教育』を担う新たな教師の学びの姿の実現に向けて」（2021年11月15日）で具体的な記述があるので、抜粋して示す（注8）。

第3章 「個別最適な学び」と「協働的な学び」を支える教師の資質・能力

個別最適な教師の学び
　新たな領域の専門性を身につけるため、一人一人の教師の個性に即した、個別最適な教師の学びである
協働的な教師の学び
　個別最適な学びとの往還も意識しながら、他者との対話や振り返りなどの機会を確保した協働的な教師の学び

　教師のこのような学びにより、子ども一人一人の「個別最適な学び」と「協働的な学び」を可能とする教師の資質・能力の向上を図る必要があるが、そのためには今後特に、教師の支援者として重要なファシリテーション能力（終章で触れる）やICT活用能力が、ますます大切になってくる。

課題
・「個別最適な学び」と「協働的な学び」の関係について、具体的に考えよう
・教師は、なぜ学び続ける必要があるのか考えよう

注記

注1　中央教育審議会答申「『令和の日本型学校教育』の構築を目指して〜全ての子供たちの可能性を引き出す，個別最適な学びと，協働的な学びの実現〜」2021年、3頁
注2　同「『令和の日本型学校教育』の構築を目指して〜全ての子供たちの可能性を引き出す，個別最適な学びと，協働的な学びの実現〜」3-4頁
注3　同「『令和の日本型学校教育』の構築を目指して〜全ての子供たちの可能性を引き出す，個別最適な学びと，協働的な学びの実現〜」4頁
注4　中央教育審議会答申「『令和の日本型学校教育』の構築を目指して〜全ての子供たちの可能性を引き出す，個別最適な学びと，協働的な学びの実現〜」4-5頁

Ⅰ　学校の意義と教師の役割

注5　同「『令和の日本型学校教育』を担う教師の養成・採用・研修等の在り方について～「新たな教師の学びの姿」の実現と、多様な専門性を有する質の高い教職員集団の形成～」22頁

注6　同「『令和の日本型学校教育』を担う教師の養成・採用・研修等の在り方について～「新たな教師の学びの姿」の実現と、多様な専門性を有する質の高い教職員集団の形成～」23頁

注7　同「『令和の日本型学校教育』を担う教師の養成・採用・研修等の在り方について～「新たな教師の学びの姿」の実現と、多様な専門性を有する質の高い教職員集団の形成～」23-24頁

注8　中央教育審議会審議のまとめ「『令和の日本型学校教育』を担う新たな教師の学びの姿の実現に向けて」2021年、13頁

参考・引用文献

1　文部科学省「『令和の日本型学校教育』の構築を目指して～全ての子供たちの可能性を引き出す，個別最適な学びと、協働的な学びの実現～」中央教育審議会答申、2021年
2　文部科学省「学習指導要領の趣旨の実現に向けた個別最適な学びと協働的な学びの一体的な充実に関する　参考資料」中央教育審議会、2021年
3　文部科学省「令和の日本型学校教育」を担う新たな教師の学びの姿の実現に向けて（審議まとめ）中央教育審議会、2021年
4　文部科学省「『令和の日本型学校教育』を担う教師の養成・採用・研修等の在り方について～「新たな教師の学びの姿」の実現と、多様な専門性を有する質の高い教職員集団の形成～」中央教育審議会、2022年

II

教師の養成と学び続ける教師の資質・能力

第4章 教育実習に活かす省察を媒介とした理論と実践の往還

1 ● 理論と実践の往還

　「理論と実践の往還」という表現がある。そもそも、往還とは、行き来すること、往復することを意味する。では、何を行き来するのかというと、理論と実践である。つまり理論から実践へ、実践から理論へと何度も往復するのである。この関係の意味するところは、「理論と実践は別物で、切り離して捉える」ものではないという考え方であり、2006年中央教育審議会答申「今後の教員養成・免許制度の在り方について」で、教職大学院創設の提言以降用いられるようになった言い方である。「学び続ける教員」の姿の確立のためには、教職大学院が「理論と実践の往還」を推進することが大事で、その方法として「省察」が位置づけられた（「学ぶ力としての省察力」）のである。その後、この教職大学院の理念が、養成段階である学部段階においても求められ、「理論と実践の往還」を活かした教育課程の転換を目指し、「教育実習」や「教職実践演習」、「学校体験活動」などの充実につながってきている。

　この専門家教育における理論と実践の関係について、佐藤学氏は3つの関係から捉え説明している（表1）。

　すなわち、第一の理論の実践化の立場は、「『最も有用な（正しい）方法』が一つあると仮定され、それを実証する科学的研究によって実践の改善が行われる」ことを、第二の実践の理論化の立場は、「優れた実践の一般化あるいは典型化によって、優れた実践を生み出す一般的な原理や技術を抽出することが求められる」ことを意味している（注1）。

　ところが、一般的な原理や技術を抽出することや、抽出された最も正し

表1　理論と実践の3つの関係

第一	理論の実践化	実践は理論の適用領域。科学的技術の合理的適用を実践とする見方
第二	実践の理論化	優れた実践の一般化、典型化
第三	実践の中の理論	実践に内在する理論を省察し、その理論を内省し変容することで実践を改善

＊佐藤学著『専門家として教師を育てる－教師教育改革のグランドデザイン』岩波書店、2015年、74-76頁より筆者作成。

いとされる方法でも、全ての教師がその方法だけでは複雑多岐にわたる課題に対応できないという状況が露呈してしまうのである。「教育のような多元的で複合的な価値を有する領域において、何が優れた実践かを特定することは不可能である」という難しさの指摘である（注2）。第三の実践の中の理論の立場は、既に「あらゆる教育実践は意識的、無意識的な理論を内包し、その理論によって遂行されている」という考えである（注3）。「理論と実践の往還」という関係は、理論と実践は別もので、各々が自分の指示する方を担うという意味ではない。

　つまり、第2章でも省察的実践家としての在り方について触れたが、教師教育の改革は第三の立場を指しており、「『実践の中の理論』の省察と熟考によって理論と実践の関係」を構築しており、「反省的実践家を特徴づける『行為の中の省察』という実践的認識論は、『実践的知識』と『実践的思考』あるいは『実践的見識』の開発を教師教育の目的の一つとしている」のである（注4）。

2 ● 省察を媒介とした理論と実践の往還を図ったカリキュラム

　では、このような理論を基に、実際の養成段階である大学では、どのよ

Ⅱ　教師の養成と学び続ける教師の資質・能力

うなカリキュラムにより、具体的な取組が実践されてきたのだろうか。以下では、本学（北海道教育大学）の一貫した取組の一端を紹介する。ここでは、筆者が勤務する釧路校の学部4年間における「省察」を位置づけた「理論と実践の往還」について提示する（2024年10月現在）。入学から卒業までの「実践・省察及び関連の科目群の関係」、特に現場における体験を通した学びと大学における科目等での学びを図1に示す（今後、科目名等変更予定）。

　まず、必修の実践・省察科目として、1年次の「学校教育の実践と省察Ⅰ」（「実践と省察Ⅰ」と表記）、2年次の「学校教育の実践と省察Ⅱ」（「実践と省察Ⅱ」と表記）と「介護等体験実習」）、3年次の「教育実習事前事後指導」と「教育実習Ⅰ」や「学校臨床研究」、4年次の「教職実践演習」

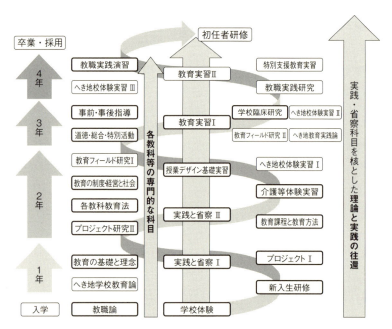

図1　実践・省察科目関連群
＊太枠は必修。2024年10月現在、本校、星裕作成。

がある。必修ではないが、選択として、2年次の「へき地校体験実習Ⅰ」、3～4年次のへき地校体験実習Ⅱ・Ⅲ、4年次の「教育実習Ⅱ」と「特別支援教育実習」や「教職実践研究」がある。また、実践・省察との関わりから必修の学校行事としては、1年次に「学校体験」と「新入生研修」がある。さらに、関連する専攻科目として1年次の「プロジェクト研究Ⅰ」（必修）や「へき地学校教育論」（選択）、2年次の「授業デザイン基礎実習」（必修）や「プロジェクト研究Ⅱ」（必修）、3年次の「へき地教育実践論」（選択）等がある。

そして、上記科目に関わる省察についての考え方や重要性について学ぶ科目としては、1年次の「教育の基礎と理念」と「教職論」や2年次の「教育の制度・経営と社会」、3年次の「道徳の理論と指導法」、2～3年次の「各教科教育法」等が必修として位置づけられている。

これらを科目関連群として、図1のように相互の関わりを意識し、大学における理論としての学びを演繹的に学校現場で活かし探ったり、実践したり、また、学校現場での実体験を通して得た知識や技能を省察しながら仮説と結果をすり合わせ帰納的に熟考したりしながら、4年間を通して理論と実践を何度も往還できるカリキュラムを編成し、取り組んできている。

実践・省察科目関連群の具体的な特徴として、本校では1年次前期に全学生が管内の市・町内の学校ごとのグループに分かれて、2回学校現場を訪問する必修の「学校体験」がある。これまで児童生徒として生活する対象であった学校へ、初めて児童生徒という立場ではなく教師という立場で、授業観察や環境整備等に携わりながら、教師としての基本的な知識・技能の理解を深めるために訪問する。この間、5月末にも1年次学生全員が隣接する管内を含めた小規模校へ訪問（2024年度は学生を2市、6町、1村22校へグループに分けて配属し、8台のバスに引率指導教員を含め分乗し訪問）する必修の「新入生研修」がある。1日ではあるが、児童生徒等との密接な交流は、学生にとっては忘れられない体験として、教職意欲を高める絶好の機会となっている。

また、本校の特筆すべき特徴として、へき地・小規模校教育に関する学びを深める「へき地校体験実習Ⅰ、Ⅱ・Ⅲ」も、児童生徒の学習や生活の様子を観察したり、学校のみならず保護者や地域との密接な交流を図ったりしながら、教職を目指す教員養成課程の修学目的を再確認する場となっている。

　そして、全学生が、1年次で「実践と省察Ⅰ」、2年次で「実践と省察Ⅱ」として、5回ずつ学校を訪問するが、「実践と省察Ⅰ」では、「教師の行為」を視点に学び、「実践と省察Ⅱ」では、「子どもの行為」を視点に学び、日誌やプロセスレコードを基にした実践と省察を行っている。

　2年次の9月に行う「授業デザイン基礎実習」では「授業づくり」を視点とし連続5日間学校を訪問することにより、授業観察を行い、日誌、プロセスレコードを基にした実践と省察を行っている。特に、同時期に3年次の「教育実習Ⅰ（主免許教育実習を意味する）」も行われているため、先輩の研究授業を観察しながら学びを深め、1年後自分自身が行う「教育実習Ⅰ」に向けた実践への動機づけとなるよう位置づけている。

　このような1、2年次の取組を経て、3年次の「教育実習Ⅰ」では、「自己の行為」を視点として実践を繰り返すとともに、実践の中で仲間や指導教員を交えた振り返りを行う。実習記録にはコルトハーヘンの8つの窓（注5）を生かした記録をもとにして、事後に省察を行う。これを踏まえ、3年次の「学校臨床研究」では、「教育実習Ⅰ」における実践と成果や課題を基に自己の行為の選択肢を広げるため、コルトハーヘンのALACTモデルを活かしながら省察し、課題解決に向けた新たな追究に向かっている。

　このような過程を踏まえ、さらに、4年次では「教育実習Ⅱ（副免許教育実習を意味する）」につなげるとともに、4年間の総まとめとして「教職実践演習」で、自分の学びを振り返るとともに、再度学び直しの必要な課題を自分で明確化し、取り組むこととしている。

　この他にも、ニーズの高い配慮を要する児童生徒への対応や考え方について学ぶ特別支援教育実習に参加するなど、学生により履修の選択幅を広げたカリキュラムとなっていることも特徴と言える。

3 ● 効果的な省察

　2でも触れたコルトハーヘンのALACTモデルと8つの窓（8つの問いあるいは、9つの問い）について述べる。経験による学びは、行為（実践）と省察の繰り返しであり、コルトハーヘンはこのプロセスを5つの局面に分けて説明している（注6）。5つの局面とは行為（**A**ction）、行為の振り返り（**L**ooking Bach on the Action）、本質的な諸相への気づき（**A**wareness of Essential Aspects）、行為の選択の拡大（**C**reating Alternative Methods of Action）、試み（**T**rial）のことで、頭文字を取ってALACTと名づけられたものである。この5つの局面からなるサイクルにより理想的な省察が可能になるとした（図2）。

　ここで、第5局面の「試み」は、第1局面の「行為」とは異なる行為を実践することを意味しており、新たな第1局面の「行為」となることを示している。

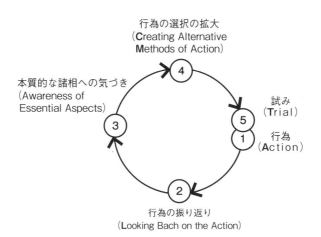

図2　ALACTモデル
＊F・コルトハーヘン編著、武田信子監訳『教師教育学－理論と実践をつなぐリアリスティック・アプローチ』学文社、2010年、54頁より筆者作成。

第1局面は、具体的な外的方向へ向かい経験を積む局面である。次の第2、3局面は、内的方向へ向かう局面で、第2局面は例えば教育実習生が自分の行為の仕方や考え方、欲求や感情について省察を行う。その際、自ら具体的に分析できるよう、つまり、本質に気づきやすくするための「8つの問い」が用意されており（図3）、行為を丁寧に振り返ることが重要となる（注7）。その振り返りにより、「自分と相手」や「自己の内面と行為の間にある不一致や悪循環」から「違和感の背景にあったものごとの本質」、「そこにあった大切なこと」が、「本質的な諸相」としての気づきにつながる第3局面に至るのである（注8）。

　この第3局面における問題や学びの必要性を明らかにし、解決方法や学びの道筋について考え、様々な選択肢から最適なものを選ぶ第4局面に進む。そして、第4局面で選んだ解決方法を基に新たなアプローチを試みる第5局面に移るのである。

　大切なことは、第5局面は、ALACTモデルの最終ゴールではなく、あくまで通過点として捉え、閉じたサイクルではなくらせん構造を描くということである。もう一つは、省察を重視するあまり、省察に向けた外からの視点に縛られ過ぎて、行為者が関連性や妥当性をいつも固定的に捉える

0．その事象の文脈はどのようなものだったか？	
自分視点	相手視点
1．私は何をしたのか？	5．相手は何をしたのか？
2．私は何を考えたのか？	6．相手は何を考えたのか？
3．私はどう感じたのか？	7．相手はどう感じたのか？
4．私は何をしたかったのか？	8．相手は何をしたかったのか？

図3　第2局面における8つの問い
＊同『教師教育学 - 理論と実践をつなぐリアリスティック・アプローチ』学文社、2010年、136頁及び、一般社団法人 学び続ける教育者の協会（REFLECT）編『リフレクション入門』学文社、2019年、40頁により筆者作成。

ことによる形式的で型にはまった省察に陥ることのないよう、行為者の省察における自律性に留意することである。

> **課題**
> ・「理論と実践の往還」の意味について述べてみよう
> ・教師にとって「理論と実践の往還」の重要性について考えよう

注記

注1　佐藤学著『専門家として教師を育てる－教師教育改革のグランドデザイン』岩波書店、2015年、75頁
注2　同『専門家として教師を育てる－教師教育改革のグランドデザイン』75頁
注3　同『専門家として教師を育てる－教師教育改革のグランドデザイン』76頁
注4　同『専門家として教師を育てる－教師教育改革のグランドデザイン』76頁
注5　F・コルトハーヘン編著、武田信子監訳『教師教育学－理論と実践をつなぐリアリスティック・アプローチ』学文社、2010年、136頁
注6　同『教師教育学－理論と実践をつなぐリアリスティック・アプローチ』53-55頁、般社団法人　学び続ける教育者の協会（REFLECT）編『リフレクション入門』学文社、2019年、39頁
注7　前掲注6『リフレクション入門』40頁
注8　前掲注6『リフレクション入門』41頁

参考・引用文献

1　佐藤学著『専門家として教師を育てる－教師教育改革のグランドデザイン』岩波書店、2015年
2　F・コルトハーヘン編著、武田信子監訳『教師教育学－理論と実践をつなぐリアリスティック・アプローチ』学文社、2010年
3　一般社団法人　学び続ける教育者の協会（REFLECT）編『リフレクション入門』学文社、2019年
4　山崎準二・高野和子・浜田博文編『「省察」を問い直す－教員養成の理論と実践の検討－』学文社、2024年

第5章 「教育実践力向上CBT」実践問題の日常的意識化と学び続ける資質の涵養

1 ●「教育実践力向上CBT（Computer based Training）」の活用

　本章は、教員の資質・能力の日常的な向上を図る上で「教育実践力向上CBT（Computer based Training）」を活用することがなぜ効果的か、また、どのような活用方法が効果的なのかをとらえることを目的としている。

　「教育実践力向上CBT」とは、多様な実践方法を端的に示した選択肢問題を解くことで、自分の経験した方法以外の実践方法もイメージできるようにした実践方法問題集である。

　CBTはコンピュータ上で問題を解いていくものである。すなわち、コンピュータの利用が前提となる。ただし、コンピュータの利用は日常的に有効活用するための手段であり、コンピュータの利用自体が目的ではない。重要なことは、CBTの選択肢問題を解きながら多様で普遍的な実践方法があることを認識することである。一般的に多様な方法の想定は、経験した方法は想定できるが、経験していない方法は想定しにくい。しかし選択肢の中に多様な実践方法があれば、経験していない方法も想定しやすい。また、その多様な方法を元にしながら、自分なりの実践イメージを広げていくことは可能で、このイメージを広げていくことが重要である。

　このようなとらえから、「教育実践力向上CBT」の活用目的と方法は、日常的に実践方法を意識化し、それを継続することによって最終的に学び続ける姿勢を涵養することである。本章では、学び続ける姿勢を涵養するために、「教育実践力向上CBT」の活用の意義と方法をとらえたい。

2 ● 教員養成段階における教育実習・教育実践機会の拡充と省察的実践

(1) 積み上げ型の克服と教育実習・教育実践の体系化

　教員養成段階の学生の基本的な学びと成長の方向性は、省察を媒介にした「実践と理論の往還」である。欧米では、教育実習期間は、6ヶ月から10ヶ月であるが、元々日本の教育実習期間は短く実践的な経験が少ない。長い教育実習期間を経ると、学生自身も課題を克服でき、最終的に自分の成長と適性も自覚できる。逆に実習期間が短いと課題の克服方法も理解できないまま現場に出るために、不安も大きくなってしまう。

　また日本の教員養成カリキュラムの特徴は、「知識の積み上げ方式」を前提にしてきた。すなわち知識・理論を学んだ上ではじめて実践ができるという考え方が主流であった。しかし、知識・理論を学んだだけでは、実践現場の具体的なイメージを持てないために、知識・理論から実践を敷衍することが難しかった。したがって、ある程度実践現場を経験し実践と理論を併行することによって、理論を実践に具体化する力も身についていく。

　そのため学校での実践は、1年次の早い段階から継続的・段階的に学年進行で大学の理論的な学習と併行して行うことが重要である。これにより大学4年間を通じた系統的な「実践と理論の往還」を推進することができる。

　これらの実践機会の重要性を強調することは、理論を軽視するものではなく、実践を伴うことで教育理論的な学習も深い理解ができるととらえるものである。そのため理論的な学習も、また実習等の実践的な学習も、両方とも不可欠である。その上で教育実習期間が短い日本においても、短期間で実践的な指導方法を学ぶためには、「教育実践力向上CBT」のような、実践的な指導方法の教材が有効になる。

Ⅱ　教師の養成と学び続ける教師の資質・能力

(2) 経験主義の克服と普遍的実践方法の会得

　一方実践が重要であることを前提にしつつも、経験主義に陥ることも避けなければならない。確かに子どもを指導する実践経験は、選択肢に納まらないほど極めて多様で、あらゆる子どものあらゆる状況によって対応方法は異なってくる。また、同じ子どもでも成長や状況の変化によって、対応方法は変化していく。

　このように考えると、指導方法の正解はまったくないこと、すなわち普遍的な実践方法は無いように感じてしまう。そのため、結果的に実践方法の普遍性を考えるよりも、経験だけを頼りにする経験主義に陥ってしまう傾向が強くなる。

　しかし、経験を多く積んだベテラン教師も、実は経験の中で普遍的な方法を無意識のうちに感じとっている。多くの経験の中で自分の選択肢を豊富に広げながら、同時に状況に応じて適確な対応方法を選択している。この適確な対応方法は無意識の中で潜在的に身についている。すなわち多様な実践の中にもより効果的な方法はあるが、その実践の普遍的な方法をベテラン教師は直感的に捉えている。このベテラン教師が捉える普遍的で適切な方法を教訓化していくことが重要になる。

　その普遍的実践方法は、経験によっても身についていくが、より短期的・効果的に身につけていくためには、すでにベテラン教師等が経験した普遍的実践方法を列挙して、それを学ぶことが重要になる。若い教師・新任教師も、学級経営や学習指導で担うべき役割はベテラン教師と同じであり、長い経験によって身につけるだけでなく、普遍的実践方法の基礎を教師になる前に短期間で身につけることが重要になる。すなわち、単に経験に依拠するだけでなく、普遍的で基本的な教育実践方法を会得することで、学校現場での創造的な教育実践を担うことができる。

　このような実践の普遍的な方法を抽出したのが、「教育実践力向上CBT」の問題集である。北海道教育大学では、独自に「教育実践力向上CBT」の問題集を開発し、北海道教育委員会・札幌市教育委員会の初任

者研修教材としても活用している。

3 ●「教育実践力向上 CBT（Computer Based Training）」設問の構成と特徴

(1)「教育実践力向上 CBT（Computer Based Training）」の全体構成と問題構成

　「教育実践力向上 CBT」の設問の領域は、「教師論」「学級経営」「学習指導・授業改善」「特別支援教育」「生徒指導」「危機管理」「学習指導要領・教育課程」「法規」の8つの領域で構成している。合計で1100問ほどあり、実践課題の高度化に沿って、「基礎編」「応用編」「発展編」の3段階の問題集で構成している。

　「教育実践力向上 CBT」の設問は、学校現場の実践で起きそうな実践課題や一般的に必要な指導内容を設問として問いを発し、その対応方法を選択肢として配置し、5つの選択肢の中からより適切な指導方法を選択する。設問内容は、1日を通じて教師が担う実践、1年間の中で担う実践、多様な子どもの課題に対応した実践、発達段階の中で担う実践を抽出しており、この「教育実践力向上 CBT」の設問を全部解答すれば、教師の基本的な実践をほぼ網羅できるように構成している。

　5個の選択肢は、多様な方法をとり得る実践方法に関して、相対的に相応しい対応方法を4個列挙し、あまり相応しくない対応方法を1個提示する設問が多い。選択肢は「よりふさわしいもの」もしくは「あまりふさわしくないもの」を1つ選択する。正確な知識を求める等の正解が一つしかない設問は、「よりふさわしいもの」を1つ選択する。

　一方多様な実践方法がある設問の場合には、適切な実践が複数あるので、逆に「あまりふさわしくないもの」を1つ選択する。すなわち実践方法に絶対的なものはないので、多くの子どもに効果的である対応方法を相対的に「よりふさわしいもの」「あまりふさわしくないもの」を、相対的に普遍的な対応方法として選択する。

Ⅱ　教師の養成と学び続ける教師の資質・能力

(2) 多様な実践方法を捉えることを目的とした選択

　これらの設問では、1つ選択することをゴールにするものではない。1つ選ぶことはそれほど難しくはないが、むしろ、「あまりふさわしくないもの」を選んだ後に、残りの選択肢で出てくる多様な「ふさわしい」実践方法をとらえることが重要である。

　選択肢の実践方法を一つ一つとらえると、自分の経験した実践方法や想定できる実践方法だけでなく、経験知以外に多様な実践方法があることをとらえることができる。また、多様な実践があることを踏まえて、それを自らが実践するとしたら、どのような具体的状況でどのような対応方法をとるかをイメージしていく。すなわち、1つ正解を選択して解答することと、多様な実践をとらえることとは区別する。

　設問内容は、例えば次表のような内容である。この設問にそれぞれ5つの選択肢がついている。選択肢を見れば、1つ選択することはできる。しかし、選択肢のない設問だけを見てすぐ4つ程度の多様な方法（＝選択肢）が思い浮かぶであろうか。

　すぐ実践方法を思い浮かべられれば良いが、思い浮かべられないのであれば、多様な実践方法を意識しないまま思いつく方法だけで実践してしまう。すなわち多様な方法があることを意識し続けておかなければ、多様な方法を学ばないまま、経験主義に陥ってしまい、偶然うまくいった方法だけに固執したり、さらに、より良い方法を探そうとしなくなる。このような経験主義に陥ることがないように、多様な実践方法を選択肢の中から学ぶことが重要である。

第5章 「教育実践力向上 CBT」実践問題の日常的意識化と学び続ける資質の涵養

主に「学級経営」「生徒指導」及び「学習指導」に関わる設問例

「教育実践力向上 CBT」の設問例 1

主に学級経営・生徒指導に関わる設問
1) 学級がスタートしておよそ1週間で進める学級づくりの内容として、優先順位の最も低いものを1つ選びなさい。
2) 朝の会・帰りの会の狙いや活動として、ふさわしくないものを1つ選びなさい。
3) 学級目標の設定や活用に関わる留意点として、適切ではないものを1つ選びなさい。
4) 学級活動の話し合い活動で意見がまとまらない時の対応として、ふさわしくないものを1つ選びなさい。
5) グループ活動のルールとして、ふさわしくないものを1つ選びなさい。
6) 学級集団づくりの方法として、ふさわしくないものを1つ選びなさい。
7) 同僚教師に対して反発している児童生徒への対応として、適切ではないものを1つ選びなさい。
8) コミュニケーションスキルのトレーニングとして、適切ではないものを1つ選びなさい。
9) いじめの未然防止として、有効ではないものを1つ選びなさい。
10) 学級がうまく機能しない状態(いわゆる学級崩壊)が見えた時の対応として、ふさわしくないものを1つ選びなさい。

北海道教育大学「教育実践力向上 CBT」より抜粋

「教育実践力向上 CBT」の設問例 2

主に学習指導に関わる設問
1) 児童生徒の学習意欲を高めるための工夫として、ふさわしくないものを1つ選びなさい。
2) 児童生徒が協働的に学ぶ良さを感じられる学習を進める上で、ふさわしくないものを1つ選びなさい。
3) 授業時間に児童生徒が一人でワークシートに取り組む時に教師が留意することとして、ふさわしくないものを1つ選びなさい。

4)	指名の仕方として、ふさわしくないものを1つ選びなさい。
5)	全員が発言できる雰囲気づくりを進めるとき、ふさわしくないものを1つ選びなさい。
6)	授業中の発言が苦手な児童生徒でも発言できるようにするための工夫として、ふさわしくないものを1つ選びなさい。
7)	授業中の児童生徒の発言が明らかに間違いだった際の対応として、ふさわしくないものを1つ選びなさい。
8)	グループ学習時に、発言力のある児童生徒が自分の意見を押し通そうとした際の対応として、ふさわしくないものを1つ選びなさい。
9)	ポートフォリオ評価の説明として、当てはまらないものを1つ選びなさい。
10)	学習の取り組み状況や成果を評価する際の考え方や取り組み方として、ふさわしくないものを1つ選びなさい。

北海道教育大学「教育実践力向上CBT」より抜粋

(3)「教育実践力向上CBT(Computer Based Training)」の選択肢の特徴と効果

　「教育実践力向上CBT」の選択肢の一つの特徴は、短く端的な方法論だけの選択肢で構成していることである。現実の実践の中では微妙な状況の違いによっては、無段階的に方法が変化したり、いくつかの方法を組み合わせたりした方法を実施しなければならない。しかし、その基盤となる端的な方法が念頭になければ、無段階的な方法や組み合わせた方法を採用することもできない。

　学生や新卒教師にとっては、経験が浅いために、ベテラン教師に比べて多様な方法を選択肢として思い浮かべること自体が難しい。念頭に浮かぶ対応方法も過去の経験を基盤にしてイメージしたもので、経験したこと以外はイメージすることは難しく、学生・新卒教師のイメージは、限定的な想定にならざるを得ない。すなわち本人が想定できる方法以外にも、他の方法があることをまず理解することが重要である。

また「教育実践力向上 CBT」は、場面設定を詳しく記述したものではなく、短く記している。何故なら、状況設定を設問の中に細かく記すほど、さらに細かい個々の状況を設定しなければ正解は導き出せなくなるからである。逆に、細部の状況を設定するとより適正な対応方法としての正解は出せるが、他の場面において同じ状況に遭遇する比率が下がるため、普遍的な方法に辿り着けなくなる。

　短い方法論の選択肢を設けることは、教員養成段階の学生においても有効である。学ぶ領域が広く求められる教師は、多様な方法論の存在をまず網羅的に知ることが重要であり、単純化された場面の設問で多様な方法論を端的に学ぶことが期待される。その上で実践経験を積み上げていくと、多様な状況設定の中で多様な方法を組み合わせたり、方法を再調整したりして活用できるようになる。

　教員免許で指定された大学の教員養成科目は、通常教職系科目で講義されるが、幅広く多様な実践方法については大学の教員養成カリキュラムの中だけでは網羅的に講義できない。学生や若い教師も学ぶ内容が多く、目前に対応すべき課題に追われるために、短い選択肢で実践方法を学ぶことができれば、極めて効率的に学習・研修を進めることができる。そのため、「教育実践力向上 CBT」のような短い方法論に限定して学べる教材も重要になる。短い実践方法を網羅的に学びながら、実践現場の状況に応じて選択肢で出た対応方法を複合的に応用することができるのである。

4 ●「教育実践力向上 CBT」問題集の日常的活用とスパイラル的な実践力の育成

(1) 4年間を通じた「実践と理論の往還」とイメージトレーニング

　「実践と理論の往還」のモデルは、同じ実践課題に対応するにしても、実践経験と理論的学習がスパイラル的に連動しながら、より適切な実践方法を会得できるようになることである。これは CBT を活用する時も同様であり、同じ設問であっても学年を積み重ねる度に、イメージできる対応

Ⅱ　教師の養成と学び続ける教師の資質・能力

方法が広がってくる。スパイラル的な向上の要素は、無意識のうちに、様々な実践経験が普遍的な実践理論と結びついて会得できるようになるからである。

　この無意識のうちに結び付く実践と実践理論を意識的に結びつけていくためには、普遍的な実践方法は何かを日常的・連続的に意識し続けることが重要である。その媒介になるのが、様々な学校現場の現象を設問・選択肢としてとらえた「教育実践力向上CBT」であり、この設問を念頭において場面指導のイメージを段階的に広げていくイメージトレーニングが重要になる。

(2) 学生時代における教育実践方法を考える無意識の習慣と学び続ける資質の涵養

　既述のように「教育実践力向上CBT」は、短い実践方法の選択肢であるために、隙間時間や移動時間でも問題を解くことができる。「教育実践力向上CBT」は、短時間で問題を解き、その選択肢の実践を頭の中で場面設定しながら自分の行動様式をイメージし続けていく媒介教材となる。1問3分間要するとすれば、1200問で60時間かかるが、空き時間に1日4問ずつ隙間時間に解いていけば、300日で解答できる。

　現場に出る前の学生時代において、対応方法を検討し続けることで、無意識のうちに対応方法が会得され、予期せぬ問題が生じたときにも瞬時に適切な対応ができるようになる。この無意識の成長も、学生自身が自覚できるわけではないが、実はスパイラル的な実践力向上の重要な要素である。

　最終的に教員の実践力が高くなるのは、うまく対応できた経験だけに依拠するのではなく、「他の方法はあるか」「より発展させられるか」を考え続ける資質である。一つ一つの実践は、それを会得するために何度も同じ場面を繰り返すことで、無意識のうちに対応できるようになる。そのため繰り返し設問を解いたり意識し続けたりする必要がある。実践イメージを日常的に広げることを習慣化することが、スパイラル的な成長をもたらす

と共に、学び続ける資質を涵養していくことになる。

　このように、学び続ける資質を涵養するためには、4年間を通じて、自主的に「教育実践力向上CBT」を活用する場面を意識的に作る必要がある。例えば、1年次に学校現場に出る実践時に持参し、場面イメージを広げていく必要がある。北海道教育大学であれば「授業デザイン基礎実習」「主免許教育実習」「副免許教育実習」「へき地校体験実習」「特別支援教育実習」などの実習で、「教育実践力向上CBT」を連続的に活用していくことが重要である。

　講義・演習・セミナーでの活用方法としては、CBT設問の事前解答・学生相互の解答合わせ・正答確認・誤答根拠確認・自己省察・学生相互の意見交換・今後の対応予測と実践、などの学習が含まれてくる。講義・演習・セミナーの中では、とりわけ間違いやすい問題や実践しにくい問題に関して、学生どうしの場面想定と解釈等の交流が特に重要になる。

　また学校赴任前の4年間の総仕上げとして位置づけられる必須科目の「教職実践演習」でも、実践方法の再確認のために全問を網羅的に解答しておくことが重要である。自分で問題を解いたら、自分の実践方法の検討課題を学生どうしの集団で議論することが重要である。学年が上がり、実践力も向上すればするほど議論も活発にできるようになる。この個々の問題解答と集団の中での実践イメージの相違を学び合うことによって、さらに多様な協働的な教師の学び合いを広げることができる。この学び合う経験がさらに学ぶ必要性を実感させ、無意識のうちに学び続ける姿勢を涵養させていく。この学び続ける姿勢を学生時代に培うことで、長期的に実践力のある教師になっていく。

　以上見てきたように、「教育実践力向上CBT」は、選択肢を通じて多様な方法を学び、それを自分の具体的対応方法として繰り返しイメージトレーニングをすることで、瞬時に対応できる実践力が身についていく。この自分の実践をイメージする力は、学校現場での経験を敷衍し、自分の実践方法を再構築する力に発展する。若い教師は現場経験が少ない分だけ、想

定できる実践メニューが少ないが、経験を越えたイメージを膨らませることで、効率的に想定できる方法を拡張できる。

　学生・新卒教員は、実践経験が少ないだけに網羅的に実践方法を会得する必要があるが、それを短期的に網羅するためには、普遍的で多様な実践方法をイメージトレーニングで学ぶことが最も効率的である。この普遍的実践方法を学ぶことは、単に経験主義に陥ることや実践を具体化できない理論を学ぶことではなく、実践理論を会得することである。

　このような日常的な実践問題の解と実践方法のイメージを日常的に意識化することで、自分の実践方法をイメージする習慣が身につき、無意識のうちに学び続ける教師の資質が涵養される。この学び続ける資質の形成が長期的に最も成長できる教師の資質となる。

> **課題**
> ・「教育実践力向上 CBT」の活用方法について、計画を立てよう
> ・「教育実践力向上 CBT」の設問を解いてみよう

参考文献
1　北海道教育大学編『教育実践力向上 CBT（Computer Based Training）』各年版
2　北海道教育大学編『教員養成で育む実践的指導力』大学出版、2022 年
3　山崎準二・榊原禎宏・辻野けんま著『考える教師 – 省察、創造、実践する教師』学文社、2012 年
4　コルトハーヘン著・武田信子監訳『教師教育学 – 理論と実践をつなぐリアリスティック・アプローチ』学文社、2012 年

第6章 学び続ける教師のキャリア形成

1 ● 実践としての知識

　教師に必要な知識・技能とは、固定的なものではなく、ときに作り直されたり、使い方が変わったりするものである。もし、頑なに固定的なものとするならば、それは思い込みに留まり個性豊かな子ども一人一人への適切な対応は、不可能といえる。この点について高柳氏は、「教師が学ぶ」とはどういうことかを、コクラン－スミスとライトルが論じた、教師の知識に関わる3つの概念（注1）から詳しく説明している。コクラン－スミスとライトルの3つの概念とは、「**実践のための知識**」「**実践における知識**」「**実践としての知識**」のことである。

　まず、「**実践のための知識**」とは、「一般的な理論や、何かしらの研究・調査の結果として蓄積された知見、という意味での知識概念」であり、「理論知」あるいは「命題知」と言われるものを指す（注2）。しかし、これらの知識だけが、教師に必要なものなのかというと、そうではない。

　次に、「**実践における知識**」とは、「実際に活動するなかで育まれる知識を示す概念」であり、例えば「教師が試行錯誤しながら気づいたり、身につけたりする種類の知識」を指しており、「方法知」や「技術知」といわれる場合もある（注3）。いくら熟知していることでも、実際に体験してみなければコツなどはつかめない。体験して得たことにより知ることができる知識と言える。このように「**実践のための知識**」は、「知る人と知られる事柄との乖離・分離が起こる余地」があるが、「**実践における知識**」は、「知る人と知られる事柄との間が密接に結びついていること」であり、この「密接性が、実際姓、即応性、臨場性といった特質を構成する」と述

べている（注4）。

　つまり、「実践の・ため・の・知識」は、「いつでも、どこでも、誰にでも当てはまる理論を重視」し、このような知識は「科学的探究には不可欠」であるが、「これだけでは日常的な現実問題に即しきれない」ため、「その時、その場、その人に即した知恵」を示すことのできる「実践に・お・け・る知識」が必要になるのである（注5）。

　ところが、実践における知識であったとしても、他の学校や子どもにとっては、支えになるのかあるいはならないのかは、前もってわからないのである。つまり、「以前に受けもっていたクラスではこの方法でうまくいったから、今回も同じようにうまくいくはずだ、と思い込んでしまったとたんに、実践に・お・け・る知識は頑迷な思い込みに変わってしまう危険性がある」と指摘する（注6）。

　そこで、3つ目の「実践と・し・て・の知識」について考える。コクラン－スミスとライトルは「知識を（静的な個体・実態としてではなく）一つの実践として動的に捉え」、「知識には、知っていること自体（さらには知るという営みそのもの）を問い直す働きが含まれている」とする（注7）。そして、「知識はそれを知る人と密接な関係にあることが重視」されている点は、2つ目の知識概念と共通しているが、「知識が生み出される実践と、それを使う実践とがはっきりと切り分けられているものではない」点が、2つ目との違いであるとする（注8）。つまり、知識が生み出された段階とその知識を使うことは、別々の段階ではないのである。このような場面では、このような方法や技術を使えばよいという固定的なものではなく、実際に目の前で起こっている出来事を、文脈に即して過去の経験も活かしつつ必要に応じて多様な視点で検討しながら知識を新たにつくり直していくことを意味しているのである。この場合の文脈とは、出来事が起きているその場、その時のみならず、その出来事の背景にある例えば子どもの生活状況等広く多様な文脈のこと指す。

　このような学びでは「知識の生成と使用を隔ててきた壁は突き崩され」、

「知識を使うことは(新たな実践の文脈との相互交流において)知識をつくり直すことであり、知識が生み出されることは知識の使用の仕方(すなわちその知識が生起した実践を受け止める枠組み、その実践へのかかわり方)が変わることである」という関係性として捉えられる(注9)。現場の教師であれば、**実践としての知識**は、意識する、しないに関わらず、感覚的に身について学び取られたものであるともいえよう。担任する子どもが1年あるいは2年という期間で変わる状況では、別の子どもに対応するのだから、これまでの経験を活かした方法を活用することも多いが、全て同じ方法のみで対応できないことを教師は経験的に理解している。もし、理解できない、あるいはしたくない教師ならば、子どもの不適応状況に適切な対応はできない。新人であろうと、中堅やベテランであろうと、「学び」における立ち位置は同じなのである。その例として、ベテラン教師が担任する学級で起こる崩壊現象は、つくり直され続ける教師の**「実践としての知識」**の重要性を意味しており、学び続ける教師にとっての必然性を示している。

2 ● 教員育成指標から見る資質・能力

では、学び続ける教師としてのキャリア(ここでは、継続的なプロセスと、働くことに関わる生き方と押さえる)をどのように形成していけばよいのだろうか。そのためには、令和の日本型学校教育を担う教師として求められる資質・能力をどのようなキャリアステージで身につけていく必要があるのかという、具体的な見通しを持つことも大切である。

国は、中央教育審議会答申(以下、中教審答申と表記)『「令和の日本型学校教育」を担う教師の在り方特別部会(第3回)・教員免許更新制小委員会(第4回)合同会議資料2』の「教師に求められる資質能力の再整理」を踏まえ、資質・能力の大枠を5つに整理し(図1)、以下のように説明する(注10)。ここでは、①教職に必要な素養として、豊かな人間性、責

Ⅱ　教師の養成と学び続ける教師の資質・能力

```
①教職に必要な素養
②学習指導
③生徒指導
④特別な配慮や支援を必要とする子どもへの対応
⑤ICTや情報・教育データの利活用
＊これら5つの観点に関連して、マネジメント、コミュニケーション（ファシリテーションの作用を含む）、連携協働などが横断的な要素として存在しており、相互に関連し合っている。
```

図1　教師に求められる資質能力の大枠
＊中教審「『令和の日本型学校教育』を担う教師の在り方特別部会（第3回）・教員免許更新制小委員会（第4回）合同会議資料2」2021年、17頁により筆者作成。

任感、人権意識、社会性、使命感、教育的愛情、倫理観、総合的な人間性、コミュニケーション力、想像力、自ら学び続ける意欲及び研究能力を基盤として示している。そして、この基盤の上に高度化していく部分として、④特別な配慮や支援を必要とする子どもへの対応は、②学習指導等、③生徒指導等を個別最適に行うもの、また、⑤ICTや情報・教育データの利活用は、②学習指導等、③生徒指導等、④特別な支援や配慮を必要とする子どもへの対応をより効果的に行うための手段として位置づけている。

　その後、国は特別部会において教員免許で担保すべき基礎的な資質・能力の具体的内容（能力記述）を議論し、小委員会等で教職課程の目標・科目・内容を専門的に検討している。その検討を踏まえた「公立の小学校等の校長及び教員としての資質の向上に関する指標の策定に関する指針」を参酌し、教育委員会と大学等で協働して策定する教員育成指標の仕組みにより、各教育委員会が教員育成指標を策定している。また、この指標を踏まえた「教職員研修計画」も策定されたが、2022年に「新たな教師の学びの姿」の実現に向け、国の指針が改正されたことを受け、教員育成指標も改訂されている。以下、参考として、2023年3月に改訂された北海道の教員育成指標（ここでは、「北海道における教員育成指標」（2017年12

月、2023年3月改訂）の一部を転載し以下に示す（注11）。教員の指標については、国の指針が示す「教師に共通的に求められる資質能力」を中心に「キーとなる資質能力」が再整理されている）。

キーとなる資質能力及び期待される具体の姿

【教職を担うに当たり必要となる素養に関連する観点】

教育者として、強い使命感・倫理観と、子どもへの深い教育的愛情を、常に持ち続ける教員		
キーとなる資質能力	教育的愛情	・子ども一人一人の個性を尊重し、よさや可能性、成長の余地などに目を向け、それを伸ばす
	使命感や責任感・倫理観	・子ども一人一人の学びに責任をもち、時代に応じた教育、学校の社会的役割及び教育公務員として遵守すべき法令等を理解し、職務上の義務を果たす
	総合的人間力	・社会体験や保護者、地域との関わりの中で、人間性、社会性、協調性を高める
	教職に対する強い情熱・人権意識	・教職への誇りをもち、人権意識に基づき、教育活動において全ての子どもを尊重する
	主体的に学び続ける姿勢	・情報収集や各種研修等を通して、必要な資質能力を身に付けるために学び続けようとする

【教育又は保育の専門性に関連する観点】

教育の専門家として、実践的指導力や専門性の向上に、主体的に取り組む教員			
キーとなる資質能力	教科等や教職に関する専門的な知識・技能		・教職の意義や教員の役割、教科等や職務内容に関する専門的な知識・技能を身に付け、職務に生かす
	授業力		・学習指導要領等を踏まえ、子どもの心身の発達や学習過程について理解し、ねらいを明確にした学習者中心の授業を展開する ・子どもの興味・関心を引き出す教材研究や協働した授業研究を行う
	今日的な教育課題への対応力	主体的・対話的で深い学びの実現に向けた授業改善	・「主体的・対話的で深い学びの実現に向けた授業改善」について理解し、授業づくり・実践・評価・改善等を行う
		カリキュラム・マネジメント	・カリキュラム・マネジメントの意義を理解し、教育活動の不断の検証・改善を行う

Ⅱ　教師の養成と学び続ける教師の資質・能力

キーとなる資質能力	今日的な教育課題への対応力	道徳教育の充実	・道徳教育の目標を理解し、道徳科をはじめ、学校の教育活動全体を通じて、道徳教育を実践する
		外国語教育・国際理解教育の充実	・外国語教育や国際理解教育の重要性や課題を理解し、実践に生かす
	子ども理解力		・子どもに積極的に関わり、子ども一人一人の心身の発達の過程や特徴、背景や環境を含めて的確に子どもを捉える
	生徒指導・進路指導力		・個や集団を指導するための手立てを理解し、個々の悩みや思いを共感的に受け止め、学校生活への適応や人格の成長を援助する ・子どもの個性や能力の伸長と健全な心身の育成を通して、自己実現を図る指導を行う
	学級経営力		・子ども同士のコミュニケーションを促進し、計画的に望ましい集団をつくり上げる ・子どもたちとの信頼関係を構築して、それぞれの可能性や活躍の場を引き出す
	特別な配慮や支援を必要とする子どもへの対応力		・特別な配慮や支援を必要とする子どもの特性等を理解し、実践に生かす ・組織的な対応に必要な知識・支援方法を理解し、学習上、生活上の支援を工夫する
	ICTや情報・教育データを利活用する力		・授業や校務等でICTを効果的に活用するとともに、子どもの学習の改善を図るため、教育データを適切に活用する ・子どもの情報活用能力を育成する授業実践を行う

【連携及び協働に関連する観点】

学校づくりを担う一員として、地域等とも連携・協働しながら、課題解決に取り組む教員		
キーとなる資質能力	学校づくりを担う一員としての自覚と協調性	・職業観や人間関係のほか、公共心や社会通念などの重要性を理解し、それに基づき行動する
	コミュニケーション能力（対人関係能力を含む）	・考えや学校の方針等を分かりやすく伝えるとともに、相手の意図を理解し意思疎通を図り、良好な人間関係を構築する
	組織的・協働的な課題対応・解決能力	・自らの学びと実践を省察を通して身に付けた課題対応・解決能力を生かし、他の教職員と積極的に関わり、学校運営の持続的な改善に求められる役割を果たす ・危機管理の知識や視点を身に付け、職務に生かす

キーとなる資質能力	地域等との連携・協働力	・子どもの家庭及び地域社会の状況や自身や学校の強み・弱みを理解し、保護者や関係機関等と連携・協働して取り組む
	人材育成に貢献する力	・支え合える環境をつくるとともに、他の教職員を積極的に支援する

　特徴として、本道では「教育的愛情」を最上位に、また、今日的な課題への対応力として「道徳教育の充実」が位置づけられていること、前回の新たな教育課題への対応力として位置づけられていた「特別な配慮や支援を必要とする子どもへの対応力」や「ICTや情報・教育データを利活用する力」は、今後も継続して身につけていく資質・能力として位置づけられていることなどが挙げられる。

3 ● キャリアステージに応じた資質・能力の育成

　教師が自ら成長していくために、このような資質・能力をどのキャリアステージで、どのように身につけていくのかの目標を明確にし、見通しをもって学び続けることも必要である。北海道教育委員会では、キャリアステージの設定について、面積が「広域で小規模校が散在する本道において」、一人一人の教師の役割は「学校の規模や教職員の年齢構成によって異なる」ので、「一律に年齢や経験年数を基準」に設定することはなじまないとし、目安としての段階を以下のように示している。(注12)。

段階	養成	**教員養成大学等における必要な基礎的・基本的な学修を行う段階**
		教員等の養成を担う大学等との連携・協働による人材育成を推進するため、教職のキャリアステージの最も初期の段階
	初任	**教員としての基礎を身につける段階**
		初任段階教員研修の受講対象となる時期を中心とした段階

段階	中堅	授業力や担当業務の遂行力を高める段階
		中堅教諭等資質向上研修の受講対象となる時期を中心とした段階
	ベテラン	自分の専門性や長所を活かして学校を支える段階
		学校運営の中核を担いつつ、若手教員等への指導などを行う時期を中心とした段階

＊北海道教育委員会「北海道における教員育成指標」2023年、2017年を改訂6頁により筆者作成。

　次に、教員育成指標（スタンダード）として、提示されているキャリアステージに応じたキーとなる資質・能力について、「教育者として、強い使命感・倫理観と、子どもへの深い教育的愛情を、常に持ち続ける教員」の部分を参考例として掲載する（注13）。

教員育成指標（スタンダード）
　この育成指標については、全ての教育関係者が資質・能力についての目標を共有することとしているが、人事評価の規準や教職としての到達目標ではなく、目安として提示されている点に留意する必要がある。つまり、教師としてこれらの資質・能力を身につければよいという固定化された指標ではなく、繰り返しになるが1で述べた**「実践としての知識」**の重要性を大切に、絶えず文脈に応じて知識を新たにつくり直し変容していく自律した教師として、学び続けながら成長していく必要がある。

第6章 学び続ける教師のキャリア形成

求める教員像	教員育成指標（スタンダード）				
	キャリアステージ / キーとなる資質・能力	養成段階	初任段階	中堅段階	ベテラン段階
教育者として、強い使命感・倫理観と、子どもへの深い教育的愛情を、常に持ち続ける教員	教育的愛情	・子ども一人一人に愛情をもち、よさや可能性などに目を向けようとしている	・子どもへの愛情に基づき、一人一人の個性を尊重し、よさや可能性、成長の余地などに目を向け、伸ばしている	・子どもへの愛情に基づき、学校（園）の教育活動を推進している	・子どもへの愛情に基づき、学校（園）の教育活動を推進するため、職場全体の意識が高まるような働きかけを行っている
	使命感や責任感・倫理観	・子どもの育ちと学びに責任をもち、教育公務員として遵守すべき法令や職務、時代に応じた教育、学校（園）の社会的役割・服務等を理解している	・子どもの育ちと学びに責任をもち、教育公務員に係る法令等を遵守するとともに、時代に応じた教育、学校（園）の社会的役割・服務等を理解し、職務上の義務を果たしている	・子どもの育ちと学びに責任をもち、教育公務員に係る法令等を遵守するとともに、時代に応じた教育、学校（園）の社会的役割・服務等を深く理解し、職務上の義務を果たし、子どもや保護者等の期待に応える教育活動を行っている	・子どもの育ちと学びに責任をもち、教育公務員に係る法令等を遵守するとともに、時代に応じた教育、学校（園）の社会的役割・服務等を深く理解し、職務上の義務を果たすことはもとより、職場全体の意識が高まるような働きかけを行っている
	総合的人間力	・社会体験等を通して、人間性、社会性、協調性を身に付けている	・上司や同僚、保護者との関わりの中で、人間性、社会性、協調性を高めている	・上司や同僚、保護者、地域との関わりの中で、人間性、社会性、協調性をバランスよく高めている	・教職員相互に、人間性、社会性、協調性をバランスよく高め合える校（園）内体制を整えている
	教職に対する強い情熱・人権意識	・人権意識に基づき、地域のボランティア活動や実習先の学校（園）の教育活動において、全ての子どもを尊重しようとしている	・人権意識に基づき、地域の行事や社会教育活動、学校（園）の教育活動において、全ての子どもを尊重するとともに、教職への誇りを有している	・人権意識に基づき、全ての子どもを尊重するとともに、教職への誇りを有している	・人権意識に基づき、全ての子どもを尊重するとともに、教職への誇りを有し、職場全体の意識が高まるような働きかけを行っている

Ⅱ　教師の養成と学び続ける教師の資質・能力

教育者として、強い使命感・倫理観と、子どもへの深い教育的愛情を、常に持ち続ける教員	主体的に学び続ける姿勢	・研修の法的な位置づけや、情報の収集・選択・活用の重要性を理解している	・初任段階教員研修等や情報の収集・選択・活用を通して、実践的指導力など、初任段階に求められる資質・能力を身につけるため、学び続けようとしている	・学校（園）の課題を理解し、解決するための校（園）内外の研修に積極的に参加するとともに、適切な情報の活用・再構成などを通して、高度な指導力など、中堅段階に求められる資質・能力を高めるため、学び続けようとしている	・組織的・協働的な体制づくりの重要性を理解し、組織マネジメント等の研修に積極的に参加するとともに、適切な情報の活用・再構成などを通して、人材育成や地域との連携・協働など、ベテラン段階に求められる資質・能力を高めるため、学び続けようとしている

＊北海道教育委員会「北海道における教員育成指標」2023年、2017年を改訂8頁により筆者作成。

> **課題**
> ・教師にとって「実践としての知識」の重要性について考えよう
> ・令和の日本型学校教育を支える教師の資質・能力について考えよう

注記

注 1　青木孟・青木一編著『臨床経験の理論と実践』北大路書房、2023年、14頁
注 2　同『臨床経験の理論と実践』15頁
注 3　同『臨床経験の理論と実践』15頁
注 4　同『臨床経験の理論と実践』16頁
注 5　同『臨床経験の理論と実践』16-17頁
注 6　同『臨床経験の理論と実践』17頁
注 7　同『臨床経験の理論と実践』18頁
注 8　同『臨床経験の理論と実践』18頁
注 9　同『臨床経験の理論と実践』19頁
注10　中央教育審議会「令和の日本型学校教育」を担う教師の在り方特別部会（第3回）・教員免許更新制小委員会（第4回）合同会議資料2、教師に求められる資

質能力の再整理、2021 年、12、17 頁
注 11　北海道教育委員会「北海道における教員育成指標」2023 年、2017 年を改訂、7-9 頁
注 12　同「北海道における教員育成指標」6 頁
注 13　同「北海道における教員育成指標」8 頁

参考・引用文献

1　青木孟・青木一編著『臨床経験の理論と実践』北大路書房、2023 年、2015 年
2　北海道教育委員会「北海道における教員育成指標」2023 年、2017 年を改訂

Ⅲ
教師の仕事遂行に必要な資質・能力

第7章 協働的な集団づくりを支える学級経営指導力

1 ● 協働的な学級集団

　協働的な学級集団づくりを行うためには、その特徴を具体的にイメージできることが大切である。栩澤（2023）は、『自律的・協働的な学びを創る教師の役割』で、以下のような8つの特徴を示した（注1）。

【協働的な学級集団の特徴】
(1) 一つの目標に向かって「～したい」という意欲をもつ
(2) 一人一人が、自分の考えをもち関わる
(3) 一人一人が役割と責任を果たすことによる成長と全体としての効果を期待する
(4) 相手よりも有利になる上下や優劣等の序列ではなく、対等な立場で補完、協力し合い成果を分かち合う
(5) 思いやりと助け合いを基盤とした開放的な雰囲気がある
(6) 企画段階から批判的に考えを出し合い改善策を練る
(7) 力を合わせた協働作業により、相乗効果が見られる
(8) 多様な情報、多様な視点を基にした多様な交流による学びから新たな知を創出する

　教師が、このような協働的な学級集団の特徴を具体的にイメージできることで、重点化した取組を学級経営に位置づけることができる。上記（1）から（8）は、子ども一人一人が受動的ではなく、自律的・能動的に行動する姿を表している。それは一見すると協働的に見えるが、誰かが特定の

人に一方的に依存する関係とは異なる。比較に満ち溢れた生活の中で、教科等のテストの点数や運動能力の競い合い等による優劣、発言権のあるものが権威をもつ等の二極化した構図を意味してはいない。比較や競争に満ちた生活からは優劣の感情が、また、従わせる・従うという関係からは強いものに従い依存し、考えることを放棄する、鵜呑みの生き方が促進されるとともに、「自己肯定感」の低下をも惹き起こす。例えば、自分のよさを発揮するのではなく、マイナス面ばかりに支配され「克服すること」という言葉上の美化に向かうべく点数主義に陥ると、点数を上げるための恣意的で訓練的な勉強に終始する危険性も高くなる。その結果、想像的で、創造的な活動からは程遠い我慢に我慢を重ね、日々やらされている感覚によるストレスを貯めながら、生活する状況に陥ることにもなる。その根拠は、4月当初入学した大学生が、「受験勉強は、もうこりごり」と発する事実が物語っている。成果が数値で可視化できることが重要（見た目にもわかりやすい）といわれるが、本来の教育は数値による結果のみで示すことはできない。数値による可視化のみを求め、考える余裕のない詰め込み教育が継続されたならば、子どものみならず教師にとっても、こなすことで精一杯の、機械的な知識注入に向かわざるを得ない状況に追い込まれていく。全て「試験や競争＝悪」ということではないが、いつも他の人より1点でも高く取る、少しでも上位入賞を目指すのみの教育は、協働的な集団からはほど遠く、上記（1）から（8）のような特徴は、影を潜める。協働的な関係づくりの実現には、教師のみならず、世間一般の大人の価値規準（その弊害は誰もが理解していると認識するが、実際に行われていることは外の規準やその規準を段階的に具体化した基準による比較が主流）を崩すような改革による社会構造の変化を切に望むが、教育本来の意義について考え、追究し続ける（思考が、行動を変える）教師であることが重要である。

Ⅲ　教師の仕事遂行に必要な資質・能力

2 ● コミュニケーション力

　協働的な学級づくりは、小学校段階であればもちろんのこと入学時から発達段階を踏まえ行われる。低学年は、他律的な時期で、権威主義的な志向にあることから、教師の指示・指導に従うという傾向が強い。その特徴を生かし、教えることをしっかりと教え身につけさせることで、その後、徐々に自律的に考え行動できる力を育んでいくことにつなげることができる。このように考えると、協働的な学びの実現は、計画的・継続的な教師の指導の在り方、すなわち、全教育活動を通じた教師の学級経営に関わる指導力にかかっているといえる。つまり、様々な取組を協働的に進めることができるためには、子ども一人一人がお互いを励まし合いながら切磋琢磨できる支持的風土に満ちた親和的な雰囲気のある学級づくりが基盤となるのである。

　そのような協働的な学級をつくるために、ここでは、特に経営上重視したい、教師同士、子ども同士、そして、教師と子どもの関係づくりに欠かすことのできないコミュニケーション力を取り上げる。既に、2010年6月、文部科学大臣から中央教育審議会に諮問された「教職生活の全体を通じた教員の資質能力の総合的な向上方策について」の理由の中に、以下のような記述があり、その重要性が示されている（注2）。

　　「〜学校現場ではいじめ・不登校等の生徒指導上の諸課題への対応、特別支援教育の充実、外国人児童生徒への対応、ICTの活用をはじめとする様々な課題が急増するとともに、学力の向上や家庭・地域との連携協力の必要性も指摘されており、これらの課題に応えるためにも、**教員の実践的な指導力**や**コミュニケーション能力の更なる向上**が求められています。〜」

　また、本書第6章の「2　教員育成指標から見る資質・能力」で触れた「教育の専門家として、実践的指導力や専門性の向上に、主体的に取り組

む教員」としてキーとなる資質・能力の「学級経営力」に以下の図1のような記述があり、教師同士のみならず、子ども同士においても重要な力であることが認識できる。

> ・子ども同士の**コミュニケーションを促進**し、計画的に望ましい集団をつくり上げる
> ・子どもたちとの信頼関係を構築して、それぞれの可能性や活躍の場を引き出す

図1　教育の専門家として、実践的指導力や専門性の向上に、主体的に取り組む教員のキーとなる資質能力の「学級経営力」
＊「北海道教員育成指標」2023年により、筆者作成。

　このことから、協働的な集団づくりを支える学級経営を行う上で、子どものコミュニケーション力を育むことができる教師の指導力向上が欠かせない。

3 ● バーバル及びノンバーバルなコミュニケーション力の育成

　支持的風土に満ちた親和的な雰囲気のある学級という基盤をつくるためには、関わり合い（教師と子ども、子ども同士等）を通して、お互いの考えや気持ちの素直な交流が行われ、「話すことで相手のことを理解し合えた」という関係の構築が必要である。ところが、相手を理解する方法は、時に言葉にはできない、あるいは言葉にならない感情を表現したり、受け取ったりすることによる相互理解も欠かせないのである。つまり、コミュニケーションとは、言語や文字のみならず、身振り等を通して、互いに意思や感情、思考を伝達し合う（聞き合うことも重要）ことであるといえる。
　コミュニケーションには、バーバルコミュニケーション（言語コミュニケーション）とノンバーバルコミュニケーション（非言語コミュニケーション）があり（図2）、「人間関係の中では後者のノンバーバルコミュニケーションの役割が大きい場合が少なくない」（注3）のである。

III 教師の仕事遂行に必要な資質・能力

> ○**バーバルコミュニケーション（言語コミュニケーション）**
>   言葉を発し相手と会話する、耳で言葉を聞く、文章を読む、書く等
> ○**ノンバーバルコミュニケーション（非言語コミュニケーション）**
>   人間関係の中での役割も大きく、無意識に醸し出す相手の表情や目線、笑顔、ジェスチャー、態度や雰囲気等

図2　バーバルコミュニケーションとノンバーバルコミュニケーション

　アメリカの心理学者であるアルバート・メラビンは「言葉の影響力、つまり話す内容が他者を動かす度合いはわずかに7％」にすぎないとして、図3のような影響度を示している（注4）。

> ①ボディランゲージ（身振り、姿勢、表情等）……………………55%
> ②口調、呼吸のペース（声のトーン、スピード、高低等）………38%
> ③話の内容（言葉）………………………………………………………7%

図3　コミュニケーションの影響度
＊平本相武著『五感で磨くコミュニケーション』日本経済新聞出版社、2006年、15-16頁により筆者作成。

　この結果は、言語コミュニケーションより非言語コミュニケーションが重要であるということを意味してはいない。ここでの詳細は省略するが、例えば、言葉で「嬉しい」と言う場合を考えると、態度や表情が嬉しそうではなく悲しそうならば、「悲しい」というボディランゲージの印象が強く伝わるという意味である。つまり、相手に何かを伝えようとする場合、言葉で意味を伝えるだけでコミュニケーションは成立しない。受ける側は、話し手が発するあらゆる情報から判断し内容を正確に理解する。したがって、そのためには、図3の①から③を一致させて相手に伝える必要がある。教師であれば、相手の顔が見える、面と向かって行うコミュニケーションにおいて、重視する必要がある。

　「良好なコミュニケーションは、お互いの信頼関係の上に築かれ」てお

り、「この信頼関係に欠かせないのがラポール」と呼ばれ、その意味は「フランス語で橋をかけるという意味の言葉」であるが、「場を共有している関係、一緒にいる感じ、波長が合っている状態」のことを意味する（注5）。コミュニケーションにはラポールが重要であり、「そのための手法を総称してマッチング」というが、以下ではその例として「(1) ミラリング、(2) ペーシング、(3) バックトラッキング、(4) モダリティの一致」について、平本相武氏の著書『五感で磨くコミュニケーション』（注6）を基に簡略化して説明したものが図4である。このような手法が全てという意味ではなく、その特徴を知りある程度のスキルを工夫し活用することも、信頼関係構築の一助となるのである。

---

(1) ミラリング
○相手と自分の姿勢や表情、身振り手振りが、鏡に映ったように自然と合っている状態のこと
・部位を変える、サイズを変える、時間をずらす、相手の言ったことをジェスチャーで表す
　＊注意点　全部をそのまま行うと、作為的で嫌味になる
　＊大切なのは、相手の立場・思いに寄り添う気持ちや姿勢

(2) ペーシング
○口調や呼吸のペース、声のトーンやスピードが合っている状態をつくること
・相手と自分が同じペースで話したり、口調が合っていたりする
　（安心感や一緒にいるという感覚が生まれる）
　＊注意点　怒っている相手には同じように怒れという意味ではない
　＊大切なのは、時にはそのくらいの迫力をもって相手と口調を合わせるということ

(3) バックトラッキング
○相手の言った言葉を繰り返すこと（共通点が見つからない場合）、相手との共通点を見つけること（共感を得る）
・相手の言葉を繰り返すと、相手に聞いてもらえたと感じる、言葉のキャッチボールを通してお互いに共有している感覚をもつ
　＊注意点　状況に合わせて省略・一般化・歪曲が起こる
　＊大切なのは、余計な説明の時間と労力をつぎ込まないこと

> (4) モダリティの一致
> ○視覚、聴覚、体感(触覚、嗅覚、味覚)の3つの感覚モードのこと
> ・視覚傾向　→　早口の人が多い、見たもの全部説明しようとするアイコンタクトが重要
> ・聴覚傾向　→　一貫した論理が大切、読書家が多い、抑揚のない話し方、分析的、論理が大事
> ・体感傾向　→　雰囲気重視、例「グーッときたらバーとやる!」擬音語・擬態語を多用する、雰囲気の伝達が大事
> 　＊大切なのは、相手を注意深く観察しそれぞれの人の傾向に合わせること

図4　ラポールを実現するマッチングの例
＊平本相武著『五感で磨くコミュニケーション』日本経済新聞出版社、2006年、61-82頁、92-96頁により筆者作成。

4 ● アサーションスキルの向上

　教師ならば、様々な状況において、「一人一人の子どもへどのように伝えたならば、こちらの意図が正確に伝わるのか」と悩む機会も多い。コミュニケーションを図る中で、相手との感情や意見等の相違はつきものである。しかし、その相違は、表現の仕方によって相手の受け取られ方に大きな違いが生じるため、誤解をうんだり、いやな思いをさせたりして、気まずい雰囲気になる。このことから、自分の気持ちや思い、考えを伝えるには、表現の仕方に配慮する必要がある。**自分も相手も大切にした自己表現によるコミュニケーション**ができ、お互いが気持ちのよい関係であることは、支持的風土に満ちた親和的な雰囲気のある学級をつくる基盤であり、協働的な学級づくりの要件となる。この**自分も相手も大切にした自己表現やコミュニケーション**のことをアサーションという。そして、上手く自己表現できるような仕方や工夫がアサーションスキルであり、対人関係専門職である教師のみならず、子ども同士でも理解し活用したいスキルである。

　アサーションでは自己表現を3つのタイプ(【非主張的】、【攻撃的】、【アサーティブ】)に分けて考えるが、平木典子氏は著書『よくわかるア

サーション　自分の気持ちの伝え方』（注7）の中で、以下、図5のように説明している。

　つまり、ある種の相手や状況に対して、自分の自己表現が、非主張的になることが多かったり、あるいは、攻撃的な主張に終始したりするのは、長期間をかけてつくられた行動の仕方が習慣となっており、アサーティブでない不適切な反応を繰り返してしまうことによるのである。したがって、このような傾向をつかみ行動パターンを変えることで、より良い自己表現、アサーティブな表現につなげることができるのである。そのためには、自分自身のことをよく知る必要がある。その方法例として、平木氏の著書より「20の私」でイメージを探ることと、「自分をポジティブに見る」ことで自分に肯定的なイメージをもつ傾向を強めていくことについて、紹介をする（注8）。小学校高学年でも活用の仕方に配慮して実施可能である。

【非主張的】

　引っ込み思案、相手任せ、卑屈、承認を期待、消極的、服従的、自己否定的、黙る、依存的、弁解がましい、他人本位

　＊「私はOKでない、あなたはOK」自分の気持ちや意見を率直に表現できない状態

【攻撃的】

　強がり、相手に指示、尊大、優越を誇る、無頓着、支配的、他者否定的、一方的に主張する、操作的、責任転嫁、自己本位

　＊「私はOK、あなたはOKでない」自分の意見や気持ちを表現するが、相手への配慮を欠く状態

【アサーティブ】

　正直、自他協力、率直、自己選択で決める、積極的、歩み寄り、自他尊重、柔軟に対応する、自発的、自己の責任で行動、自他調和

　＊「私もOK、あなたもOK」自分の気持ちや意見を率直に表現する一方で相手の気持ちや意見にも素直に耳を傾ける態度

図5　自己表現の3つのタイプと特徴
＊平木典子監修『よくわかるアサーション　自分の気持ちの伝え方』主婦の友社、2022年、10頁により筆者作成。

Ⅲ　教師の仕事遂行に必要な資質・能力

(1)「20 の私」

　まず、「私は……です」という文章を 20 個書く（図 6）。自分自身について、知っていること、思っていることなどを自由に書くが、書きにくいときは、「あなたは誰ですか？」と聞かれたときに答えるようなイメージで書く。次に、書き終えた文章について、図 7 のような 5 つの側面から自分について考える。

「20 の私」
1　私は _____
2　私は _____
3　私は _____
4　私は _____
5　私は _____
6　私は _____
7　私は _____
8　私は _____
9　私は _____
10　私は _____
11　私は _____
12　私は _____
13　私は _____
14　私は _____
15　私は _____
16　私は _____
17　私は _____
18　私は _____
19　私は _____
20　私は _____

図 6　「20 の私」シートの例
＊同『よくわかるアサーション　自分の気持ちの伝え方』22 頁により筆者作成。

第7章　協働的な集団づくりを支える学級経営指導力

【①外面的なことと、内面的なことの割合は？】
　○外面的（氏名、男女、職業など）、内面的（性格、考え方や感じていること）についての文章は、それぞれいくつあるか？
　＊自分を事実と内面のどちらの側面から捉えているか、自分について客観的事実と主観的なことのどちらを重視しているか、それらが自分自身にとってどのような意味を持っているかなどを知る助けとなる。

【②人には知られたくないことはある？】
　○人に知られたくないことはあるか？それをどれくらい正直に書けたか？
　＊どれくらい自己開示できているのかを表す。正直に書けた人は、他者への自己開示もできやすい人といえる。他人に知られたくないことを答えから外した人は、その内容が、本当に人に知られては困ることなのか、再検討する。ただし、他人に無理に答えを伝える必要はない。

【③自分の長所と短所の割合は？】
　○書かれた自分の長所と短所を比べ、どのような割合になっているか？
　＊自分にどんな特徴があるか気づき、それをどう評価しているのかがわかる。長所と短所が半々の人は、比較的自分を公平に評価している。長所が多い人は、自分を楽天的に受け入れている。短所が多い人は自分に厳しい人で、長所を軽視し忘れたりしている可能性がある。

【④現実の自分と理想の自分の割合は？】
　○現実の自分と憧れや理想を表現した文章は、どのような割合か？
　＊自分を現実の自分で評価するか、理想追求の姿勢で表現するかという傾向が読み取れる。若い人ほど理想を追う傾向がある。努力している、上昇志向が強い人も、理想的な自分への関心が強い。現実の姿を書く人は素の自分を受け入れるだけでなく、適切な理想があると自己の向上につながることも知っておくこと。

【⑤自己紹介をするとしたら？5つの文章を選んでみよう】
　○もし自分を5つの文章で紹介するなら、20の文章の中でどれを選ぶか？
　＊自分らしさや自分が大切にしていることの目印になる。5つを20の文章の中の何番目に書いたのかにより、自分の傾向を知ることもできる。大切なことをいつも表現しようとする人は、最初の方に書いている。それを心の奥にしまっておくタイプは、後の方の文章に書いているかもしれないが、中には、書いているうちに大事なことに気づく人もいる。

図7　自己表現の3つのタイプと特徴
＊同『よくわかるアサーション 自分の気持ちの伝え方』23頁により筆者作成。

このようにして振り返り、自分について気づいたことやわかったことをもとに自分のことを知ることが、どのような自己表現をする傾向にあるのかを理解する手立てになる。そこから、自分が感じ考えたことをどのように伝えることが、アサーティブな表現になるのかを様々な状況を設定し、ロールプレイング等を通して学ぶこともコミュニケーション力を育む上で大切であり、協働的な集団づくりに活かすことができる。

＊「20の私」で自分を知るときに気をつけることとして、平木氏は20の答えに善し悪しはないことと、自己評価の癖に気づくことを心に留めてほしいこととして示している（注9）。

(2)「自分をポジティブに見る」

自分自身をどのように見て、どう考えるのか、表現するのかは、これまでの経験が影響している場合もある。つまり、過去にされた否定的な評価を引きずりネガティブな見方のみで自分のイメージをつくっている可能性もあるということである。「そのような人は、自分の長所を改めて探り」、「短所と思っていることの裏側を考えてみる」ことで、「自分に対して肯定的なイメージをもつ傾向を強め」（注10）ることが期待できる。

したがって、子どもたちがお互いに自分のよい面を話してもらうことで、肯定的な自分のイメージをつくるような取組も大切である。そのためには、例えば、図8のような「短所は見方を変えると長所に」（シート）を活用して、話し合いながら考える活動も協働的な学級をつくる上では有効である。

第 7 章　協働的な集団づくりを支える学級経営指導力

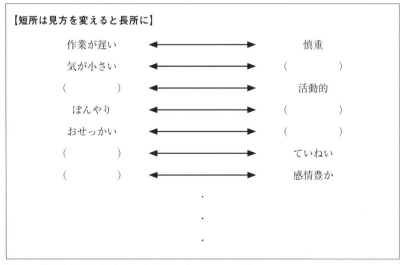

図 8　「短所は見方を変えると長所に」シートの例
＊同『よくわかるアサーション 自分の気持ちの伝え方』25 頁により筆者作成。

　＊ただし、しつけをされず甘やかされて育った人の場合は、自分のマイナス面を見ようとせず、目をそむけることがあるので、留意することとして、時には正当な批判を受けることも必要であると平木氏は指摘する（注 11）。

課題
・「20 の私」に取り組み、自分自身のことを知ろう
・アサーティブな表現について、事例をもとに考え表現してみよう

Ⅲ　教師の仕事遂行に必要な資質・能力

注記

注 1　梛澤実・川前あゆみ編著『自律的・協働的な学びを創る教師の役割』学事出版、2022年、98-99頁
注 2　文部科学大臣諮問「教職生活の全体を通じた教員の資質能力の総合的な向上方策について」別紙理由、2010年
注 3　前掲注1『自律的・協働的な学びを創る教師の役割』116頁
注 4　平本相武著『五感で磨くコミュニケーション』日本経済新聞出版社、2006年、15-16頁
注 5　同『五感で磨くコミュニケーション』58頁
注 6　同『五感で磨くコミュニケーション』61-82頁、92-96頁
注 7　平木典子著『よくわかるアサーション　自分の気持ちの伝え方』主婦の友社、2022年、10頁
注 8　同『よくわかるアサーション　自分の気持ちの伝え方』22-23頁
注 9　同『よくわかるアサーション　自分の気持ちの伝え方』24頁
注 10　同『よくわかるアサーション　自分の気持ちの伝え方』25頁
注 11　同『よくわかるアサーション　自分の気持ちの伝え方』25頁

参考・引用文献

1　梛澤実・川前あゆみ編著『自律的・協働的な学びを創る教師の役割』学事出版、2022年
2　平本相武著『五感で磨くコミュニケーション』日本経済新聞出版社、2006年
3　平木典子著『よくわかるアサーション　自分の気持ちの伝え方』主婦の友社、2022年

第8章

へき地・小規模校の特性を生かした普遍的な学習指導力

1 ● へき地・小規模校の現状と将来

　近年の日本の人口減少社会の特徴は少子高齢化であり、学齢期の子どもの数が減ることは学校の小規模化につながる。とりわけ、その傾向は人口減少が加速している過疎地域（へき地）に多く、学校の小規模化が進行すれば休校・廃校などを招き、それに伴って地域力の低下も顕著になる。この流れを止めることは不可能に近いが、これまでへき地の小規模校で培ってきた教育活動の意義を学び、地域性に関わらず日本全体における取組のヒントを得ることは可能である。本章では、今後の人口動態を予測する中で、へき地・小規模校を取り巻く学校環境について概観し、へき地・小規模校教育の特性を歴史的にとらえる。さらに、へき地・小規模校教育の実践が現代の教育政策と合致しており、都市部の大規模校にも応用できる普遍的な学習指導力の要素を持つことを明らかにする。なお、本章では「小規模校」と「へき地」の要素をかけ合わせて、「へき地・小規模校」「へき地・小規模校教育」と表記する（注1）。

　まず、日本の人口動態データから未来を予測してみる。図1によると、2020年の総人口12,615万人に比較して2040年の予想人口11,284万人であり、20年間に日本の総人口は1割以上減少する。さらに年齢別人口の将来推計では、65歳以上の老齢人口は3,603万人（28.6％）から3,929万人（34.8％）へ、15〜64歳の生産年齢人口は7,509万人（59.5％）から6,213万人（55.1％）へ、0〜14歳の年少人口は1,503万人（11.9％）から1,142万人（10.1％）へ、それぞれ変化する。高齢化、少子化が一段と加速することが見て取れる。

Ⅲ　教師の仕事遂行に必要な資質・能力

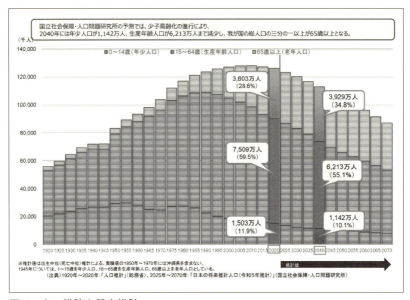

図1　人口推移と将来推計
出典：文部科学省「会議資料：2040年以降の社会を見据えた高等教育が目指すべき姿 関連データ 令和5年10月25日版」2頁より抜粋
　　　https://www.mext.go.jp/kaigisiryo/content/000259054.pdf（最終閲覧2024年11月11日）

　公立小・中学校の児童生徒数は、当然ながらこの「年少人口」の変化に合わせて緩やかに減少することが予測される（注2）。また2023年度にピークを迎えた公立小・中学校の教員採用者数は、学校数の減少と共に徐々に減り続けることが予測され、やがて教員不足も自然解消される方向にあるとされている（注3）。しかし、児童生徒と教員が集う学び舎としての学校数は、学齢期の子どもがいなくなれば単純に休校・廃校ではなく、学校統合、小中一貫校化、義務教育学校化など各自治体の状況に合わせて様々な選択肢があり、全体的には減少するもののその推移や様相は簡単に予測できない。また地域によっては、山村留学制度などの取り組みを通して、豊かな自然環境や人間性という地域資源を生かして他地域の子どもたちにも教育機会を提供しながら、地域の学校を守っていく動きもある。こ

のように、へき地・小規模校は人口減少社会の影響を受けて、教育施設や運営方法の転換という課題に常に直面している。

2 ● へき地・小規模校の研究・実践の歴史的変遷

　へき地・小規模校はどのような時代背景から生まれてきたのだろうか。日本の教育史においては、江戸時代の庶民に読み書き・そろばんを教えた教育機関である「寺子屋」が普及したことや、その後の明治時代に「学制」（1872年）が発布されて本格的な初等教育が始まったことはよく知られている。しかし、へき地に生きる子どもたちの中には、近くに学校も教員も全く配置されず、寺子屋などがあったとしても家事労働により登校できず、恵まれない教育環境に置かれた子どももいた。以下では、へき地・小規模校教育に関する歴史的な変遷を3つの観点から概観してみたい。第1の観点は「全国へき地教育研究連盟の結成」、第2の観点は「へき地教育振興法の施行」、第3の観点は「北海道教育大学のへき地・小規模校教育の研究」である。

　まず、第1の観点は、1952（昭和27）年に結成された全国へき地教育研究連盟（以下、全へき連）によってへき地・小規模校の実践研究が、大きく発展したことである。当時のへき地教育は自然条件も厳しく、都市部の教育とは圧倒的な格差がある中で、教師たちの熱意と工夫によって実践活動が展開されていた。その窮状の中で、へき地の教師たちや教育行政職員らによって創設され、へき地教育復興の運動母体となったのが全へき連である。全へき連の結成に深く携わった渡辺ユキ氏の著作から引用する。

　　「…へき地に、または小規模校のある地域に生まれてきたというだけの宿命で、義務教育の機会均等にすら恵まれない子どもたちを、このまま見過ごすことはできません。全国の教師の団結が一日、一年おくれることは、それだけ子ども達の前進を阻むことになると思います。教師の情熱で、本当

に子ども達のことを考えるならば、自分達の研究組織をつくれないはずはありません。そこで、私は新しく提案したいと思います。来年、昭和二十七年に北海道で全国大会を開く準備が進められていますので、その際、全国研究組織をつくることを目標に各県ごとに組織を固めようではありませんか」（注4）。

　これは、1951（昭和26）年に岐阜県で開催された「小さい学校教育研究全国大会」の全体会において、当時福島県教育委員会へき地教育専任指導主事を担っていた渡辺氏自身が提案したものである。渡辺氏も福島県のへき地・小規模校で育った経験から、当時の慎重論者を納得させるために熱意と勇気を振り絞って発言したと振り返っている。その後、渡辺氏は長年に渡り全へき連に関わり、時には役員も担いながらこの全国研究組織を支えた（注5）。全へき連は現在、「第10次長期5か年研究推進計画（令和6〜10年度）」の下で揺るがない活動を展開しており、2024年度には「第73回全国へき地教育研究大会（岡山大会）」を開催した（注6）。

　第2の観点は、へき地教育振興法の施行によってへき地・小規模校の教育事情が改善されたことである。へき地教育振興法は1954（昭和29）年に制定されたが、これは前述の全へき連の結成大会である第1回全国へき地教育研究大会（会場：北海道帯広市）の閉会式における決議事項に端を発したものであり、現在も実行力を持つへき地・小規模校教育の格差是正の法的基盤を形成している。具体的には、「へき地等級」に基づいた教職員のへき地手当、赴任に関わる異動補助、住宅整備など教職員に直接関わる費用補助、児童生徒の通学、給食、保健・衛生に関わる学校環境整備補助、へき地教育・複式教育の研究補助など、他の法律による施策と合わせて支援体制が構築されている。同法は教育関連法の中でもへき地・小規模校の現場教師たちの請願によって成立に漕ぎつけ、また学習活動に課題の多い地域に焦点を当てていることから、開発途上国等に対する国際教育協力の分野でも「日本の教育経験」のひとつとして評価が高い（注7）。

第8章　へき地・小規模校の特性を生かした普遍的な学習指導力

　第3の観点は、北海道教育大学のへき地・小規模校教育の研究についてである。北海道教育大学におけるへき地・小規模校教育の研究は、1960年代に「僻地教育研究施設」を中心として開始された。当時の北海道教育大学におけるへき地・小規模校教育の特性は「自然的悪条件」「文化的停滞性」「教育的低調性」「僻遠性」「社会的封鎖性」「経済的貧困性」のように当時の時代背景からすべてマイナス要素で定義された。しかし、それらも時代の変遷を経て、北海道教育大学の玉井らによって再考され、マイナス要素は根本的に見方を変えてプラス要素から捉え直すことが提唱された。これは「へき地・小規模校教育のパラダイム転換」と呼ばれ、現代におけるへき地・小規模校教育の基本的な価値体系を形成した。（表1）。玉井はへき地教育について「都市の俗悪性の影響を受けず、豊富な自然や伝統文化を活かしながら、公教育の本来的な機能である生きる力や人間的信頼関係を重視した教育であり、学校教育のみならず地域教育・家庭教育と連携したコミュニティスクールの教育活動を展開できる教育環境や教育活動の総体」と定義した（注8）。

表1　へき地・小規模校教育におけるパラダイム転換の考え方

1960年代の考え方	現代の考え方
・自然環境が厳しい ・都市の文化が届かない ・教育の機会が少ない ・中央から距離が遠い ・生活文化圏が隔絶されている ・第一次産業の所得が低い	・自然環境の豊かさが生きる力を養う ・伝統的な生産や生活様式を地域で学べる ・純粋に公教育に集中できる ・都市の俗悪性の影響が少ない ・地域教育力を発揮するコミュニティスクールが可能 ・食育・農育などの機会が身近にある

出典：北海道教育大学　へき地・小規模校教育研究センター監修、川前あゆみ・玉井康之編著『未来の教育を創造するへき地・小規模校の教育力』学事出版、2024年、28-29頁により筆者作成。

3 ● 現代の教育政策とへき地・小規模校教育

　このように発展してきたへき地・小規模校教育は、現代の教育政策の中でどのように位置づけられているのだろうか。ここでは第3章で概説した中央教育審議会答申の「『令和の日本型学校教育』の構築を目指して」における記述内容を例に、へき地・小規模校教育に関する考え方やICTを活用した遠隔授業の可能性などを紹介したい。

　ひとつは「公立小中学校等の適正規模・適正配置等について」という項目の中で、「…地理的要因や地域事情により学校存続を選択した地方公共団体においては、少人数を生かしたきめ細かな指導の充実、ICTを活用した遠隔合同授業等の取組により、小規模校のメリットを最大化し、そのデメリットを最小化することで、教育の魅力化・充実を行うことが必要である」と示した点である（注9）。前述のパラダイム転換にも通じる積極的なとらえ方とICTの利活用を推奨する視点が読み取れる。

　もうひとつは「中山間地域や離島などに立地する学校における教育資源の活用・共有」という項目の中で、「義務教育段階においては、山間・へき地や、小規模校などの学校で児童生徒間の多様な交流や専門家による対面での指導が困難な場合に、遠隔授業を積極的に活用することにより、児童生徒が多様な意見や考えに触れたり、協働して学習に取り組む機会の充実を図り、また、児童生徒の学習活動の質を高めるとともに、教師の資質向上を図る必要がある」と記された点である（注10）。ここでもICTを利活用した遠隔授業などの積極的導入が推奨されている。また、表2に示すように、ICT利活用を通して小規模校のメリットを最大化し、デメリットを緩和できるような教師の資質向上も期待されている。

　また、へき地・小規模校教育と関連する教育政策の動きとしては、小学校の学級編制の標準が約40年ぶりに40名から35名へ段階的に引き下げられ、令和7年度には全6学年の引き下げが完了する。この標準引き下げによって、長年の学年別指導や一斉指導という伝統的指導方法が急激に変

表2 へき地・小規模校におけるICT活用例

- 教材・教具などを一人一人に行き渡らせやすい。例えば、ICT機器や高価な機材でも比較的少ない支出で全員分の整備が可能である。
- ICT（例：電子黒板、実物投影機、児童生徒用PC、デジタル教材等）を効果的に活用し、一定レベルの基礎学力を全ての児童生徒に保障する。
- TV会議システムやオンライン会議システム等のICTを活用し、他校との合同授業を継続的・計画的に実施する。
- 教室で不足する多様な意見を収集させる観点から、タブレットPC等を全員に整備し、他校の児童生徒との情報交換に活用する。

＊文部科学省「公立小学校・中学校の適正規模・適正配置等に関する手引～少子化に対応した活力ある学校づくりに向けて～平成27年1月27日」34-36頁により筆者作成。

化するものではないが、少人数指導の良さにより関心が向けられている。へき地・小規模校教育では、「個別最適な学び」や「協働的な学び」という課題に対して、異学年交流の促進や一人一人に寄り添った学習指導などの歴史的な蓄積が多い。ある意味、時代を先取りしながら取り組まれてきたへき地・小規模校教育の学習指導方法が、現代の教育課題に貢献する可能性も見出せる。

　これまで述べてきたように、全国的な人口減少の影響によって、へき地の公立学校では児童生徒数がさらに減少すると同時に、小規模化、休校、廃校、統合などの動きが加速することは確実であろう。これからの教師には、学校の立地や規模の違いに影響されることなく、どのような学校環境でも応用可能で普遍的な学習指導力を高めることが求められる。先人の知己や経験に真摯に学びつつ、それらをICTやAIを活かした現代的な教育手法とも結びつけながら、時空を超えた革新的、創造的な取組に発展させることを期待したい。

Ⅲ　教師の仕事遂行に必要な資質・能力

> **課題**
> ・自分が体験した小・中学校の立地や規模をグループ間で共有し、プラス面やマイナス面を出し合ってみよう
> ・へき地・小規模校で ICT を活かした教育実践例について、具体的な教科、活動、行事などを想定して考えてみよう

注記

注 1　北海道教育大学へき地・小規模校教育研究センター監修、川前あゆみ・玉井康之編著『未来の教育を創造するへき地・小規模校の教育力』学事出版、2024 年などの表記方法にしたがった。

注 2　文部科学省学校基本調査によると、2024 年度全国小学校児童数は約 594 万人、中学校生徒数は約 314 万人で、いずれも過去最少を更新中である。

注 3　文部科学省「公立小・中学校教員の退職者数・採用者数の推移と見通し」によると、2023 年度採用者数は小学校 17,034 人、中学校 9,589 人。
　　　https://www.mext.go.jp/a_menu/shotou/senkou/1416039_00009.html
　　　（最終閲覧 2024 年 11 月 11 日）

注 4　渡辺ユキ著『子どもの心に生きる教師―へき地教育 60 年―』2001 年、122-123 頁より

注 5　同上、122-123 頁より

注 6　全国へき地教育研究連盟（全へき連）ウェブサイトより
　　　http://www.zenhekiren.net/（最終閲覧 2024 年 11 月 11 日）

注 7　独立行政法人国際協力機構 国際協力総合研修所編『日本の教育経験－途上国の教育開発を考える－』、国際協力機構、2003 年、95 頁

注 8　北海道教育大学へき地・小規模校教育研究センター監修、川前あゆみ・玉井康之編著『未来の教育を創造するへき地・小規模校の教育力』学事出版、2024 年、28-29 頁

注 9　文部科学省中央教育審議会「『令和の日本型学校教育』の構築を目指して～全ての子供たちの可能性を引き出す，個別最適な学びと，協働的な学びの実現～（答申）令和 3 年 1 月 26 日」、83-84 頁

注 10　同上、84 頁

参考・引用文献

1 辻正矩著『小さな学校の時代がやってくる―スモールスクール構想・もうひとつの学校のつくり方』築地書館、2021 年
2 堤真紀「少子化と学校規模の適正化」『調査と情報―ISSUE BRIEF―』第 1109 号、国立国会図書館調査及び立法考査局、2020 年
3 独立行政法人国際協力機構 国際協力総合研修所編 『日本の教育経験 – 途上国の教育開発を考える – 』、国際協力機構、2003 年
4 北海道教育大学へき地・小規模校教育研究センター監修、川前あゆみ・玉井康之編著『未来の教育を創造するへき地・小規模校の教育力』学事出版、2024 年
5 文部科学省中央教育審議会「『令和の日本型学校教育』の構築を目指して〜全ての子供たちの可能性を引き出す，個別最適な学びと，協働的な学びの実現〜（答申）令和 3 年 1 月 26 日」
6 文部科学省「会議資料：2040 年以降の社会を見据えた高等教育が目指すべき姿 関連データ 令和 5 年 10 月 25 日版」2 頁より抜粋
https://www.mext.go.jp/kaigisiryo/content/000259054.pdf
（最終閲覧 2024 年 11 月 11 日）
7 渡辺ユキ著『子どもの心に生きる教師―へき地教育 60 年―』、渡辺ユキ、2001 年

第9章 課題予防的生徒指導の方向性と教師の資質・能力

1 ● 生徒指導課題の複雑性と課題予防的生徒指導の方向性

(1) "させる指導"から"支える指導"への転換

　本章では、児童生徒の様々な生徒指導課題とその生徒指導対応で求められる教師の現代的な資質・能力をとらえる。とりわけ文部科学省の「生徒指導提要」は、2022年に全面的に改定され、生徒指導観も"させる指導"から"支える指導"に大きく転換している。

　生徒指導は、元々子どもが社会の中で自律的で自分らしく生きるようになるために、自発的・主体的に生きる過程を支える教育活動である。そのためにも一人一人の良さや可能性を発見し、社会に受け入れられる自己実現と自己肯定感を支えていくことが課題となる。また子ども自身が何をしたいのか、何をするべきかの課題を発見し自発的・自律的でかつ他者の主体性を尊重しながら、自らの行動を決断し実行する自己指導能力と自立的能力の獲得を支援していく必要がある。この自己指導能力・自立的能力を育成するためにも、子どもが主体的に課題に挑戦してみることや多様な他者と協働して創意工夫することの重要性を実感できるようにしていくことが重要である。ここでは「生徒指導提要」で転換した生徒指導の観点と方法を中心に教師に求められる資質・能力をとらえていく。

(2) 人間関係の希薄化と生徒指導課題の複雑性

　いじめ・不登校・暴力行為などの生徒指導上の課題は増加し続け、2023年度のいじめ認知件数・不登校者数・暴力行為の発生件数は、過去最多となった（文部科学省「児童生徒の問題行動・不登校等生徒指導上の諸課題

第9章　課題予防的生徒指導の方向性と教師の資質・能力

に関する調査」)。これらの生徒指導上の課題は、一つ一つの行為にはそれぞれ発生理由と対応課題があるが、社会全体の大きな背景としては、子ども間の人間関係の希薄化がその背後の誘因となっている。

　人間関係が希薄化すれば、子ども間の誤解や対立も起きやすくなり、それらがいじめや暴力行為の背景になる場合もある。また、人間関係のもつれや違和感を避けるために、学校に登校しなくなる場合も生じてくる。人間関係が効果的に密接になれば相互に分かりあえる部分も多くなるが、逆に希薄化すればするほど、協働的な人間関係を敢えて作る必要性も感じなくなり、ますます孤立化する場合もある。

　この人間関係の希薄化は、スマートフォンやSNSなどの活用による直接的なコミュニケーションの減少や、遊び・生活環境の変化などの時代の変化がもたらしたものである。それゆえ人間関係の希薄化を根本的に解決することは難しいが、学校が家庭・地域と連携して子どもたちの人間関係づくりができる居場所づくりから進めていく必要がある。このことが生徒指導上の課題の予防的対応の条件となる。

(3) 家庭環境問題と生徒指導の留意点

　すでに家庭環境に起因する子どもの貧困問題が指摘されているが、厚生労働省のデータでも2022年度は子どもの9人に1人が貧困状態にあるとされる (厚生労働省「国民生活基礎調査」)。これらの家庭生活・家庭教育の問題を教師・学校が解決できるわけではないが、子どもの家庭環境の課題を理解することで、子どもの生徒指導課題も接し方が変わってくる。勉強ができない場合も、生活習慣が乱れる場合も、子どもの家庭環境に影響されることが多いが、子どもの生活習慣指導や親子関係の中での子ども相談などを意識的に心がける必要がある。何故なら、家庭環境が不安定な子どもほど、どうしても精神的にも安定せず、問題行動も起こしやすい状況が誘発されるからである。そのためこれらの子どもへの対応は、特にいつもと異なる状況変化を心のサインとして察知し、個別指導等を施すように

留意する必要がある。

　また、あらゆる生徒指導と共通であるが、家庭教育支援や児童虐待の恐れがある場合には、児童相談所やスクールソーシャルワーカーに相談していくことが重要になる。

2 ● 生徒指導課題と課題予防的生徒指導対応力
(1) 日常学級活動と生徒指導の予防的対応の必要性

　あらゆる生徒指導上の課題において求められることは、事後の対応よりもまず予防的対応である。特にいじめ・不登校・暴力行為・自殺などは、重大事案・事件・事故が発生した場合には、その解決に要する労力や時間的にも、かなり大変な対応課題を要するからである。

　予防的活動として、個々の子どもとの月1回程度の面談指導、学級での集団遊び・ゲーム等の人間関係づくり、学級会での学級目標・学級ルールづくり、コミュニケーションの心がけとコミュニケーションスキルの向上などは、日常的な学級活動の一環であるが、これらもすべて生徒指導の予防的活動となる。学級の中で心の居場所を作り、相互に認め合い助け合う雰囲気を作っていくことが、課題予防的な学級経営の条件となる。事件や問題が発見される前の日常的な子どもの態度変化や予兆的行為の雰囲気を察した時の個別指導も日常的な学級活動であり、これらも生徒指導の予防的対応となる。

　また、問題が大きくなる時には、必ず保護者が関与することになるが、いったん感情的な対立になった場合には、感情自体が増幅して冷静な判断ができなくなる恐れがある。したがって、保護者に対しても、月に1度程度の電話を教師から保護者にかけて、「困ったことはありませんか」「何か気づいたことがあれば教えて下さい」などのメッセージを発しておけば、早い段階で子どもの兆候や不安なことなども伝えてもらいやすい。この早期発見が早期対応の条件となる。

　特に、いじめの問題などは、子ども本人が担任教師に直接伝えることは

少なく、保護者や友人・第三者から伝えられることが多い。自殺の問題も必ずしも事前に本人から状況が伝えられるわけではない。事件性のある問題などは、誰も知らない問題として学校外から通報されることも少なくない。それだけに、課題を早くから発見できるように子どもの変化・兆候をとらえる視点が予防的対応として重要になる。

(2)「生徒指導提要」と重層的な支援構造

「生徒指導提要」は2022年に大幅に改訂された。その中では、生徒指導の基本的な考え方として、支援構造を4層構造に分類している。4層は、「発達支持的生徒指導」「課題未然防止教育」「課題早期発見対応」「困難課題対応的生徒指導」の4層である。

最も基礎となるのは「発達支持的生徒指導」で、これは特定の課題を想定しないで、すべての児童生徒を対象にした日常的な働きかけである。教師は元々すべての子どもの健全な発達を支援しているが、日常的な課題も深刻な問題に繋がるかもしれないという観点を持って、学級経営や学習指導を進めていこうとする考え方である。

2つ目に重要な支援は、「課題未然防止教育」で、これは特定のいじめ・不登校・暴力行為などの行為を想定するが、特定の児童生徒だけでなくすべての児童生徒に対して働きかけていく指導である。特に児童生徒も何が問題か分からず行動している場合も多く、そのため日常的に問題を意識してもらうためには、予防啓発教育が必要になる。例えば、いじめ防止教育・自殺予防教育・情報モラル教育・非行予防教育・性被害加害予防教育など、様々な啓発活動がこれに当たる。

3つ目の「課題早期発見対応」は、いじめ被害や問題行動の予兆的な傾向が見られる場合には、問題が深刻化しないうちに、聞きとり・相談活動や個別生徒指導を行うことが求められる。遅刻・欠席・身だしなみ・健康・態度・会話の変化・変調をきたしている場合も、何らかの予兆サインである可能性もあり、早い段階で状況をより詳しく知る必要がある。また、

クラスの人間関係が少し冷たくなってきた雰囲気を感じたら、アンケートなどのスクリーニング調査も早期発見にとって有効な対応方法となる。この「課題早期発見対応」は「課題未然防止教育」と共に、大きな問題・事件にならないようにするための「課題予防的生徒指導」として位置づけられている。

　4つ目の「困難課題対応的生徒指導」は、特別な指導・援助を必要とする特定の児童生徒を対象にして、様々な専門家や関係教員が直接当該児童生徒に働きかける指導である。これらの生徒指導は個々の案件によって、対応方法が異なるため、専門的な対応方法が不可欠となる。いじめ・不登校・自殺・暴力行為・万引き・未成年飲酒・たばこ・薬物乱用等も、それぞれの指導内容・方法が異なり、生徒指導の専門的知識も必要となる。また、担任教師が一人でできる対応ではないため、学校全体と学校外の専門家との連携で対応していかなければならない。

　このような「発達支持的生徒指導」「課題未然防止教育」「課題早期発見対応」「困難課題対応的生徒指導」の4層は連続しているものである。そのため教師・学校は、4層の重層的な支援・指導を意識しながら対応していくことが重要になる。生徒指導の元々のイメージは、困難な児童生徒を対象にした指導のイメージが強いが、4層構造では、予防的生徒指導が重要で、大きな事件にならないように予防啓発・早期発見・早期対応することが、生徒指導の基本的な考え方である。

3 ● 生徒指導の課題対応におけるチーム支援とチーム学校協働力

(1) 抱え込みの予防とチーム学校対応の必要性

　生徒指導の課題は、どのような課題においても通常の学級内での教師の学習指導・学級経営の役割に加えて、個別に時間と労力がかかる課題である。そのため、担任教師の精神的負担感も大きくなる。

　このような生徒指導の対応として求められる体制が、チーム学校体制の

生徒指導である。教師は責任感の強さから、教師一人で何とか解決しようとする場合が多い。しかし一人で対応しようとしても対応できず、問題や悩みを抱え込んでしまう場合もある。そのため最初から組織で対応することを意識しておくことが重要である。すなわち、些細なことでもまず生徒指導担当者や職員会議に報告し、学年や分掌担当者で共有してもらうことが重要である。学校の中には、養護教諭・特別支援コーディネーター教員・スクールカウンセラーもいて、これらの教育関係者とも連携する必要がある。さらに困難な生徒指導課題ほど管理職を核としたチーム学校の組織体制が必要になる。

　課題を抱える児童生徒の場合は、家庭との連携も不可欠になる。学校で把握した場合には、早い段階で家庭にも連絡しつつ保護者と一緒に対応策を考えようとする姿勢が必要である。保護者によっては課題を知ることによって被害妄想や感情的反発を高める場合もあるが、情報が遅れるほど「何もしてくれなかった」という意識も強くなる。保護者には日常的に、生徒指導上の問題があったときの学校対応方針や一般的な児童生徒の指導課題などの情報は伝えるようにしておくことが必要である。

(2) 地域を中心とした体験活動と地域学校協働活動

　児童生徒の生徒指導の予防的活動の一つとして、地域全体で児童生徒を見守るという雰囲気も、生徒指導上の予防効果をもたらす。この地域全体の見守りや生活指導を期待して、コミュニティスクール構想が、学校の努力義務として推進されている。

　地域の中での保護者・地域住民による挨拶運動や声かけなども、児童生徒を取り巻く人間関係を密接なものにする。すなわち児童生徒から見て、親以外の保護者・地域住民と児童生徒の関係づくりや、保護者・地域住民どうしの協働関係の密接さを、身近な存在として感じることができる。これにより、児童生徒は地域の皆から見守られている意識が生まれ、逆に問題行動は見られていないという匿名性を下げる効果がある。

地域住民と連携した体験活動も長期的な生徒指導効果がある。例えば、地域清掃活動やボランティア活動を地域住民と共に行うことで、地域社会に貢献している役割貢献度感を高めていく。地域住民に協力してもらいながら地域探究活動を進め、地域の良さや課題解決方法を認識することも、地域をより良くしようとする意識に繋がる。地域探究学習の成果発表会を地域に向けて発信すれば、地域の良さをより強く自覚すると共に、地域に成果を還元していることを実感できる。

(3) 専門家によるチーム学校支援と協働推進体制

　すでに述べたように、生徒指導の課題は、いじめ・不登校・校内暴力・家庭内暴力・児童虐待・逸脱行動・性逸脱行為・薬物乱用・仮想空間問題など多岐に渡り、その一つ一つが生徒指導の専門的な課題を有している。そのため、教師のチームだけでなく、地域の専門家を含めたチーム学校が不可欠となる。

　専門機関・専門家の中には、児童相談所・スクールカウンセラー・スクールソーシャルワーカー・サイバーセキュリティ専門官・社会教育施設・社会福祉施設・ボランティア団体・体験学習団体・文化スポーツ団体・NPO・保護司・保健所・病院・弁護士会・警察など多様な専門機関・専門家や教育関係団体がある。これらの専門機関を含めた学校と地域の協働体制が、チーム学校の目指す姿であることを教師は意識しておく必要がある。

　具体的な課題対応に関しては、学校内で課題に対するチームカンファレンスを実施すると共に、どの専門機関と連携をとるかを検討する。実際に様々な専門機関・専門家と連携する中でも、多様な方法や観点が入手できるために、それらを複合的に組み合わせながら、学校内外の協働的なチームで対応を進めていく。この課題対応の過程では、必ず前進することだけではないので、途中で対応方法を再検討したり、他の方法でアプローチしたりなどの対応プロセスの検証と再検討が不可欠となる。

（4）重層的な対応を意識した教師資質の意識化

　以上のように教師の生徒指導対応は、「発達支持的生徒指導」「課題未然防止教育」「課題早期発見対応」「困難課題対応的生徒指導」の4層による、予防的生徒指導から具体的課題対応生徒指導までの重層的な対応が求められる。この中でも最も力を入れるべき活動は、やはり「課題未然防止教育」「課題早期発見対応」を合わせた「課題予防的生徒指導」である。

　また、生徒指導課題は、その一つ一つが対応困難で複雑な課題を伴うために、教師が一人で抱え込まずに、学校のチームで対応していくことが求められる。さらに、学校内だけでなく、短期的にも長期的にも、家庭・地域と連携すると共に、地域の専門施設・専門家との連携が重要になる。すなわちチームで対応する力、専門家と協働する力も教師に求められる資質・能力となる。

　生徒指導の課題は、どこの学校・教室でも起きうる可能性があるものとしてとらえ、いつもと異なる日常的な児童生徒の変化や予兆的行動をとらえる観察力が必要である。児童生徒をとらえる観察力は、変化や予兆的行動をサインとして捉える観点を教師が意識しておけば、早期発見・早期対応も可能となる。生徒指導の課題は、どこの学校・教室でも起きうる課題であるが、深刻な事態になることがないようにすることが重要であり、そのための早期の発見・対応が重要になる。生徒指導上のトラブルや葛藤は、むしろ早期に発見・解決すれば、児童生徒自身が課題や困難を克服していく成長の糧にもなる。

課題
- 学級担任としての自分が課題未然防止教育を実践するとしたら、どのような実践をするかを想定してみよう
- いじめ・不登校・暴力行為等の生徒指導上の課題が起きた時に、自分ならばどのような対応をしていくかを想定してみよう

Ⅲ　教師の仕事遂行に必要な資質・能力

参考文献

1　楜澤実・川前あゆみ編著『自律的・協働的な学びを創る教師の役割』学事出版、2022年
2　文部科学省『生徒指導提要』東洋館出版、2023年
3　子ども家庭庁『令和6年版　こども白書』日経印刷、2024年
4　玉井正明・玉井康之著『少年の凶悪犯罪・問題行動はなぜ起きるのか‐事件から学ぶ学校・家庭・地域の役割とネットワークづくり』ぎょうせい、2002年
5　玉井康之・前川あゆみ・楜澤実著『学級経営の基盤を創る5つの観点と15の方策』学事出版、2020年
6　玉井正明・玉井康之著『木下惠介監督映画「なつかしき笛や太鼓」の舞台裏―小島の満天に星は輝く』北樹出版、2025年

Ⅳ
チーム学校を支える学校運営

第10章 地域探究学習とカリキュラムマネジメント力

1 ● 求められる社会に開かれた教育課程と地域探究学習

(1) 社会に開かれた教育課程の必要性と地域探究学習

　義務教育の教育課程は、元来社会で生きるために必要な基礎知識・知恵を身につけるものであるが、2020年実施の「学習指導要領」では、「社会に開かれた教育課程」が強調された。「教育課程」の名称に「社会に開かれた」の言葉をつけることで、教育課程の目的としての社会とのつながりをより明確にした。

　また「生きる力」を培うための学習活動の目標として、「何ができるようになるか」を目標の中心に据えている。この構成要素として、①「生きて働く知識・技能の習得」、②「未知の状況にも対応できる思考力・判断力・表現力」、③「学びを人生や社会に生かそうとする学びに向かう力・人間性等の涵養」を提起した。とりわけ③の「学びを人生や社会に生かす」ことが新たに強調された。このような観点からすると、教科書等の知識・技能を学ぶだけでなくそれを具体的に活用すること、既知の学習課題を受動的に学ぶだけでなく、未知の課題に向かっていく創造的な資質・能力を育成していくことが重要になる。教師が指導する教育活動の目的も、最終的には子どもたちが習った内容を吸収するだけでなく、創造的に生きる力を発揮できるようにすることが目標となる。

(2) 主体的に自ら学ぶ力と地域探究学習

　教科書に掲載される学習内容はすでに科学的に到達している真理のエッセンスである。そのため教科書を基盤にして学ぶことは、科学の蓄積を継

承することとしても重要である。ただ、それを受け身的に学ぶだけでは、未知の課題や地域社会の具体的な発展には生かされない。そのため課題を解決し自己の生き方を創るために、「学習指導要領」での「総合的な学習」の目標は、「実社会や実生活の中から問いを見出し自分で課題を立て情報を集め整理・分析してまとめ・表現する」ことを重視した。また「探究的な学習に主体的・協働的に取り組むとともに、互いの良さを生かしながら積極的に社会に参画しようとする態度を養う」とした。

このような観点からすると、地域探究学習は、最も身近で社会に関わりやすい総合的な学習である。地域を取りあげ、課題を立て地域社会をより良くしようと参画する学習活動は、受け身的な学習活動からより主体的な学習活動を創る契機として重要になる。

子どもが主体的に関わる地域の学習活動を創るためには、教師自身が地域の探究学習活動を具体的に指導できるようにしなければならない。教師は転勤があり、赴任校の当該地域に長期的に住んでいるわけではない。しかし、子どもは当該学校の地域に住んでいるため、教師は、子ども自身が住む身近な地域の探究学習活動をコーディネートし、主体的な学習活動を展開できるように支援しなければならない。すなわち、教師はどこの地域に赴任しても基本的な地域の情報収集の方法や調べ学習方法・分析方法を会得し、子どもたちの主体的な学習を伸ばすファシリテーションの力がこれからの教師の重要な資質となる。

2 ● 地域探究学習の指導方法と地域協働型教師の指導力の向上

(1) 地域資源のコーディネート力と地域協働型教師の指導力の向上

地域探究学習をする場合にも、教師が最小限の地域の情報と基礎知識を踏まえ、子どもたちに地域の調べ方を提起していく必要がある。所在施設には、公共図書館・資料館・専門施設・役所等の公的機関があるが、公的機関は、役所や電話帳の公共施設一覧・住宅地図でも地域全体の専門施設

等をとらえることができる。図書館・図書室は小さな町村にも必ずあり、郷土図書・地域資料・役所広報・新聞・地域ミニコミ紙・地域マップなどの基本情報を収集できる。これらのような基本的な地域情報の所在施設は、メニューとして子どもたちに配布しておくことが重要である。

　地域施設・地域団体の様々な行事・祭り・体験講座・公開セミナー等は、地域文化を発展させる機会となるが、これらの活動も教育委員会・公共施設で把握している場合も多い。この他にもNPO法人等で様々な地域活動を担う団体も少なくない。

　地域人材の発掘では、教育委員会が有するボランティア登録者・社会教育団体から依頼でき、学校内においてもPTA・学級保護者から当該職種に関する職業専門家等を探すこともできる。町内会や地域学校運営協議会等から地域住民の関係分野の協力者をお願いする場合もある。このような地域資源を学校教育課程に生かすために、地域住民の関係者・専門家を学校全体で情報収集し、教育委員会と学校から依頼してもらえるようにコーディネートする力が学校に求められる。

　また、地域の課題を設定する場合には、図書館図書分類法で整理される分類用語に「地域の」という限定テーマをつけると、あらゆる地域のテーマを設定できる。学年の発達段階によるが、高学年ではより抽象的・普遍的な用語から具体的課題を設定することができるし、低学年では具体的な施設や目に見える現象から抽象的・普遍的な課題を設定することができる。

　このように教師には、子どもたちにテーマを設定し調べさせていく指導力が求められる。

(2) 科学的探究学習の方法と地域協働型教師の指導力の向上

　地域の探究学習活動に向けて地域の基礎情報等を収集したら、地域課題を把握し、地域課題解決の仮説を立てる必要がある。仮説自体は固定的なものではなく、調べる過程において実際には変化していく。探究学習活動は、既成の知識の獲得が目標ではないため、調べ活動の進展の中で、仮説

もより精度が向上していくプロセスが重要である。

　探究学習の調べた内容は、単に個人的な経験や事例を述べるだけのものではないため、調べたことを普遍化する客観的認識の方法が重要である。その客観的認識を創る発想方法は教師が子どもたちに教えていかなければならない。

　発想方法のツールとしては以下の様に、①関連事項を結びつけるイメージマップ、②統計的にとらえるグラフ・表、③分類・抽出を行うKJ法、④原因と結果をとらえる因果関係分析、⑤時代・年月の変化を捉える経年変化・歴史的分析、⑥似たものを対照比較する比較分析、などがある。これらの発想方法を子どもたちに伝えることで、調べた対象をより普遍的客観的にとらえることができる。

　これらの発想方法で客観的に調べたことを、さらに図式化した構造図でとらえると全体像が見えやすい。構造図の代表図としては、①ピラミッド図、②マトリックス図、③フィッシュボーン図、④フローチャート図、⑤XY図、⑥トーナメント図、⑦グルーピング図、⑧レイアウト図、などがある。これらを構造図化すると、全体像と個別対象の位置関係がとらえやすい。全体状況を位置づけながら、その中でさらに、対象に関する仮説や因果関係を探究していくことが求められる。このような科学的な思考方法を教師が子どもたちに伝えることで、子どもたちの探究学習の成果もより客観的になっていく。このように教師は全体をとらえながら個別対象を位置づけていく発想方法を子どもたちに教えていく指導力が求められる。

（3）地域探究学習のグループ学習指導と地域協働型教師の指導力の向上

　探究学習活動は、個々の子どもの個別的自由研究ではなく、協働的集団の中での多面的・相対的な観点や現地での調べ活動・体験活動の役割分担を多く伴うために、子どもどうしのグループ活動の協働性が重要になる。

　グループ内での議論の試行錯誤や調べ活動のトライ＆エラーを繰り返すことで、より思考の多様な観点と方法が収斂されていく。時に議論が堂々

巡りになったり、課題アプローチの方法が見えなくなったりするが、その都度教師の議論・活動のファシリテーション力が重要になる。子どもに比べれば当然教師の方が見通しを持てるが、その答えを教えるというよりは、選択肢を提示して子ども達自身に選択してもらうことが重要になる。

また、子ども達のグループ活動の仕方としては、全員発言と全員参加を原則にして、役割分担と相互協力を推進することが重要になる。そのためにグループの中で、グループ運営の協働的なルールや方法とグループ活動目標を、自分たち自身で話し合って創るように、最初に指導することが求められる。

さらに、地域での調べ活動では、対外的な折衝や訪問を伴うために、地域活動がうまく展開できるように、地域への依頼・訪問方法・コミュニケーションのあり方・マナーなど、地域と連携できる社会的常識や人間関係の対応方法も指導しておく必要がある。むろん失敗することも学習ではあるが、地域での調べ活動が効果的にできないと探究活動の達成感や探究意欲自体を減退させることがあるからである。

このような協働的なグループ運営のあり方や地域と連携できる基本的な方法を教師が指導することで、グループ活動もより活発になり、地域探究活動の主体性や達成感も高まる。このような探究活動の指導は、探究活動時だけではなく、協働性を培う学級経営活動と並行して教師が指導していくことが求められる。

これらの試行錯誤と議論・思考の過程は、その都度言語的な記録として残しておくことが重要である。この活動記録がポートフォリオであり、ポートフォリオを蓄積することで、その都度子どもたちが思考・活動した内容が積み上がっていき、行き当たりばったりではなく体系的な探究学習活動を深めることができる。そのため、教師は試行錯誤の過程もその都度ポートフォリオに記録できるように指導することが重要である。このように教師には、グループの集団を協働的に動かしていく指導力が求められる。

第10章 地域探究学習とカリキュラムマネジメント力

3 ● 地域探究学習活動と教師に求められるカリキュラムマネジメント力

(1) 日常的な課題意識の醸成と子ども自身のカリキュラムマネジメント力の育成

　探究的な姿勢は、体系的な学校教育の学習活動だけではなく、日常的な発想の中で活かされるものである。そのため、子どもが見聞きしたり経験したりするものの中からも、日常的な問いを持ち続けることが重要である。例えば「空は何故青いのか」「ガラスは何故光を通すのか」「オリンピックの五輪は何を意味しているのか」「漢字はどのようにできたか」など、身近なものはなんでも「なぜ」「どうして」の問いの対象になる。

　この日常的に問いを持ち続けることが、その場で答えが出なくても、やがて別の機会の知識・経験と結び付くことになる。問いを持ち続けるためには、たとえ答えを正確に教師が説明できない場合でも、教師が子どもに「何故だろうね」の問いを発し、一緒に疑問点を考える習慣を提示し続けることが重要である。

　このような問いや疑問点が、様々な教科の学習やこれまでの既存の知識・経験と結び付くことによって、日常的なカリキュラムマネジメントが起きることになる。すなわち、カリキュラムマネジメントは、教師が知識と知識をつなげた新たな知識を与えることではなく、子ども自身の日常的な思考の中にも、様々な知識・技能をつなげて新たな思考を生み出すことが重要である。このような問いを発し、自ら考えることの重要性を教師が子どもたちに提示し、それを日常的に促していくことが教師のファシリテーション力として求められる。

(2) 地域探究学習及び各教科・単元の横断的思考とカリキュラムマネジメント力

　地域探究学習等の総合的な学習の時間は、教科の体系的な学習と分離しているように見えるが、地域探究学習活動も教科の様々な知識・論理的思

考と無縁ではない。そのため、子どもたちは日常的にこれまで習った教科・単元の学習内容と連動させて探究していくことが重要になる。すなわち、探究活動の内容が、各教科・各単元とどのように関連しているか、過去の学年で習ったことはあるか、教科で学んだことを踏まえて因果関係やより良い解決方法が見いだせるかなど、探究活動と教科を結びつけてとらえることが重要である。様々な教科の知識を関連させて探究することによって、教科横断的な発想や、教科内容の地域への応用的な発想が生まれてくる。

地域探究学習と各教科・単元を結びつけるためには、教師が子どもたちに「この地域の現状・課題は、各教科・単元の内容とどのように繋がっているか？」「この教科・単元の内容を地域に生かすとしたら、どのようなことが創造できるか？」などの問題提起を投げかけ続けることが重要になる。答えは一つではないので、問いを発し続けることが重要である。このような教科との関連性を投げかけていく教師のファシリテーション力も教科横断的な思考を促す教師の指導力となる。

4 ● 学習成果の地域還元とまちづくりへの参画

(1) 学校づくりとまちづくりの相互互恵関係と地域協働型の学校のあり方

子どもたちの地域探究学習では、地域の様々な機関・専門家・地域住民に御世話になりながら探究活動を進めることになる。地域の協力により、子どもたちの生きる力に繋がる学習活動や地域の誇り・アイデンティティも高まっていく。すなわちこれは、地域が学校に協力することで得られる学習成果である。地域の誇り・アイデンティティの向上は、子どもたちのあらゆる前向きな姿勢の基盤になる。

この子どもたちの学習成果を地域に還元することで、結果的に学校が地域づくりや地域社会の発展に関わることになる。例えば、調べた地域探究学習の成果を学習発表会で地域住民を招いて地域の良さやより良いまちづ

くりについて発表することができる。地域探究学習成果を空き教室の一角に地域博物館として、地域住民や保護者にいつでも観覧できるようにしている学校もある。

　地域の良さ等は、役所や専門機関等に報告するとともに、その内容をチラシやポスターにして配布することで、地域住民の地域アイデンティティも高まっていく。具体的に、子どもたちが調べたことを地域づくり活動として計画・実行すれば、さらに子どもたちの地域認識や地域の一員としての参加意識も深まっていく。このような活動を通じて町内会の役員も一緒に協力してくれたりする。これにより、子どもたちの学習活動が地域社会にも役立つという社会貢献意識や達成感も一層高まっていく。

　この学校と地域の関係は、実は相乗的な発展関係にある。地域が学校に協力することは、地域住民間のネットワークやコミュニティを作ることにつながるなど、コミュニティスクール活動の一環となり、"学校を核にした地域づくり活動"になる。すなわち地域による学校づくり活動は地域づくり活動でもある。

　逆に子どもたちが地域への学習発表会や地域づくり活動に貢献することは、子どもたち自身の社会的成長や地域から見た学校の信頼度を高めていく。すなわち子ども・学校による地域づくり活動は、学校・子どもの成長にとってもメリットがある。子どもによる地域づくり活動は、"地域を核にした学校づくり活動"となる。このような相互互恵関係が、結果的に子ども・学校の成長につながるために、教師は学校づくりと地域づくりの相乗的発展関係を認識し、子どもたちや地域住民にも地域協働型活動の意義を啓発することが重要になる。

（2）まちづくり参画者としての子どもの位置づけと地域づくり活動

　通常の学校の探究学習活動や教科学習活動は、学校内の教育活動であるため、地域づくり活動や地域社会活動を直接目的とするものではない場合が多い。特別活動も自然体験活動・社会体験活動・職場体験活動等を行う

が、基本的には健全育成活動や社会的関係能力の育成を目指しているために、必ずしも地域づくり活動や地域社会活動を第一義的な目的としているわけではない。しかし、客観的には地域づくり活動となっているため、地域探究活動が地域づくり活動として発展する可能性があることを位置づけていくことが必要である。

地域探究活動の延長として、学習発表会の成果還元に加えて、子どもたちが企画できるまちづくり活動を企画運営することも生きる力と人間性を涵養する条件となる。地域づくり活動の企画運営の経験は、課題解決に向けた企画立案力と具体的な行動力を涵養していく。最終的に生きる力は、「何ができるようになるか」を目標としており、頭で考えたことを具体的な行動様式として企画することで、行動力の育成と結びついた地域探究学習活動として発展していく。

例えば、地域探究活動の延長としての地域づくり活動としては、成果発表会に加えて、地域の良さの広報活動への協力、地域自然環境保全、ゴミ問題やクリーン活動、高齢者施設等社会福祉施設への訪問活動やバリアフリー、ユニバーサルデザインを基盤とした住みやすい地域づくり、特産品宣伝、などがある。これらは特別活動の一環でもあるが、社会的・経済的な地域課題と結びつけて地域づくりの探究学習活動の関連学習内容として位置づけることができる。

また、過疎化問題や地域の衰退に関して、子どもたち自身が地域の良さをリーフレットやホームページで普及する実行計画を立てることで、地域の良さを再認識する地域づくり計画となっていく。たとえ過疎化や経済的衰退が激しい場合でも、地域の良さを発見し地域アイデンティティを高めていくことは、立派な地域づくり活動である。このような地域づくり活動は、必ずしも経済的な地域づくり活動ではないが、子ども目線の地域づくり計画を立てる活動自体が、社会に参画する姿勢を涵養する活動となる。このような活動が10年後、20年後の地域の担い手として育ち、住みやすい地域を創る条件となる。このようなまちづくりの参画者としての子ども

の役割も大きく、そのような意識を教師が育てていくことも重要である。

　このように地域探究学習活動を通じて、地域の良さを認識するとともに、様々な知識と知識を結びつける力、地域をより良く創造する力、具体的に地域社会に貢献する力、などが生きる力の重要な要素となっていく。これにより、子どもたちの自ら学ぼうとする力、地域・社会と関わろうとする力が涵養されていく。これらを教科・単元やあらゆる学習活動と結びつけて、教科横断的・総合的に推進していくカリキュラムマネジメント力とファシリテーション力が教師の指導力として求められている。

> **課題**
> ・あなたは、地域探究学習活動を具体的に進めるためにどのような指導を行いたいと思いますか
> ・あなたは、地域探究学習活動の成果を地域に還元する活動としては、どのような方法があると思いますか

参考文献
1　北海道教育大学へき地・小規模校教育研究センター監修、川前あゆみ・玉井康之編『未来の教育を創造するへき地・小規模校の教育力』学事出版、2024年
2　北海道教育大学釧路校編『地域探究力・地域連携力を高める教師の育成 – 地域協働型教員養成教育の挑戦』東洋館出版社、2022年
3　楜澤実・川前あゆみ編『自律的・協働的な学びを創る教師の役割』学事出版、2022年
4　玉井康之・夏秋英房編著『地域コミュニティと教育 – 地域づくりと学校づくり』、放送大学教育振興会、2018年
5　内山隆・玉井康之著『実践 地域を探求する学習活動の方法 – 社会に開かれた教育課程を創る』東洋館出版社、2016年
6　日本教育経営学会・天笠茂・玉井康之・南部初世編『現代の教育課題と教育経営』学文社、2018年

第11章 多様な指導を支えるチーム学校としての協働的な学校運営力

1 ● チーム学校

　「チーム学校」という言葉は、中央教育審議会答申「チームとしての学校の在り方と今後の改善方策について」(2015年12月)の中で、学校現場において新たな「学校組織の在り方や、学校の組織文化に基づく業務の在り方などを見直し」推進する必要性から示されたものである。具体的には、「教員に加えて、事務職員や、心理や福祉等の専門家等が教育活動や学校運営に参画し、連携、分担して校務を担う体制」をいうが、このような「チーム学校」が求められる背景としては、以下の3つが挙げられている（注1）。

(1) 新しい時代に求められる資質・能力を育む教育課程を実現するための体制整備（社会に開かれた教育課程の実現、指導方法の不断の改善、カリキュラム・マネジメントの推進等）
(2) 複雑化・多様化した課題を解決するための体制整備（生徒指導や特別支援教育等、学校が抱える課題の複雑化・困難化・拡大化）
(3) 子どもと向き合う時間の確保等のための体制整備（我が国の学校や教員の業務実態等）

　学校においては、多種多様で複雑化した課題に対応するために、選択肢の広がりによる様々なアプローチが必要である。つまり、「多様な価値観や経験を持った大人と接したり、議論したりすることは、より厚みのある経験を積むことができ」、「『生きる力』を定着させることにつながる」として、「チーム学校」で取り組むことの重要性が示されている（注2）。

昨今、確かに、授業実践のみならず子どもの問題行動や保護者の要望等への対応は、その課題の複雑化や多様化から、教師の仕事を拡大している状況である。また、急速に進化するICTの活用をはじめ、学校における様々な活動の在り方も、以前にもまして協働的に対応する必要性を認識できる。改めて、未来を生きる子どもたちへの教育は、学校、家庭、地域及び関係機関等、関わる全ての大人が責任をもって行うという意識を強く持たなければならない。このことについて、以下では、ヴィゴツキー、レオンチェフ、エンゲストロームの活動理論を基にして捉え直すことにする。

2 ● 活動理論

「今日、仕事や組織の社会的実践活動は、大量生産のパラダイムから、組織間のネットワーク、コラボレーション、パートナーシップの構築といった、新しい形態へと急速に変化して」おり、「それにともない、人間の教育・学習・発達の領域でも、新しいパラダイムが求められている」と山住氏は述べている（注3）。人間の行動理解に関わる「学問領域には心理学や社会学、文化人類学、精神分析学などさまざまなものがある」が、いずれも「『個人』（あるいはグループ）と『環境』」の二項に関わる学問領域であり、「この二つの『項』は、通常バラバラに扱われ」、「二元論に陥って」きたと指摘する（注4）。その典型は「『行動主義』あるいは『行動科学』」であり、「人間行動は、環境の諸条件に対する『反応』として理解され」、S-R（刺激と反応）理論と呼ばれる「行動主義心理学の基本枠組み」となったのである（注5）。そして、このような理論における限界を、「人は『受動的』にモノの世界と出会う存在にすぎない」とし、「人間の研究に文化の概念を導入し、文化的な事物や記号に媒介された行為、対象に向かう行為」、つまり「文化に媒介され、歴史的に進化していく『活動』の概念」をつくり出すに至ったのである（注6）。ここで、「活動」の概念は、「人間は自身が環境内に見いだす事物やものごとに対して、社会的な

行為や相互作用の文脈の中で『反応』する」が、「この社会的な行為や相互作用は、歴史的な形態」、「かつ社会的・文化的に構築された形態」をとるので、「このような文脈、そして構築された形態こそ、活動理論が概念化しようとする『活動』」であるとする（注7）。この活動理論は、第一世代としてのヴィゴツキー、第二世代としてのレオンチェフ、そして、第三世代としてのエンゲストロームへと拡張していくこととなる。

　第一世代のヴィゴツキーによる理論は、図1のような三角形のモデルで具体化されている。「一般に、〈主体⇄媒介手段⇄対象〉の図式」で、「『主体』、『対象』、そしてそれらを媒介する『アーティファクト』（人工物）からなる三つの組で表される」もので、「行為主体としての人間と環境としての対象の関係は、文化という道具手段、あるいはツールや記号に媒介（仲立ち）されて」おり、「人間の行為は、こうした『三角形』の構造をもつ」という理論である（注8）。つまり、繰り返しになるが、人間の発達が文化によって媒介され、歴史的に進化していく活動であることを示している。

　ところがこの理論は、分析単位が孤立した個人の行為のみで、集団的活動で使われることを十分に示すことはできなかったのである。この点について、第二世代のレオンチェフの活動理論へと拓かれることになる。この理論では「個人的行為と集団的活動との重大な差異を明らか」にし、「分

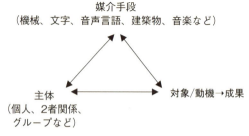

図1　媒介された行為のモデル
＊山住勝広著『活動理論と教育実践の創造　拡張的学習へ』関西大学出版部、2004年、36頁により筆者作成。

第 11 章　多様な指導を支えるチーム学校としての協働的な学校運営力

業と協業という要素を活動に組み込み、活動の集団性を捉え、その背後に『動機』が存在しており、活動は『動機』によって方向づけられることを明らかにした」のである（注9）が、残念ながらこの理論はヴィゴツキーによる三角形モデルを集団的活動システムとして、モデル化するには至らなかったのである。

　そこで、この二つの先行理論を拡張させたのが第三世代としてのエンゲストロームであり、活動理論の新たな可能性を切り拓き、図2のようなモデルを創り出したのである。上部の小さい三角形は、「『主体』とその諸行為の『対象』との関係が『人工物』に媒介され」ており、「対象」は「集団活動がめざしていく目的や動機のことであり、活動を通して『成果』へと転換されていく」ので、「活動システムを特徴づける重要な要因」となる（注10）。この「『対象』は、人びとの協働の社会的実践的活動が働きかけていく『素材』や『問題』」であり、「活動をとおして諸個人が『意義』や『意味』を生成するが、『主体』が『対象』に働きかけるとき、それを媒介する道具や手段となるのが『人工物』である」（注11）。

　次に、左下の小さい三角形をみてみよう。「『ルール』」は、社会的な規則や規範、統御や慣習として、『主体』と『コミュニティ』との関係を媒介」し「活動システム内部で、諸個人の行為や相互作用を制約するもので、『コミュニティ』は活動システムに加わっている諸個人のグループであり、『対象』の共有によって特徴づけられる」ものであるとする（注12）。

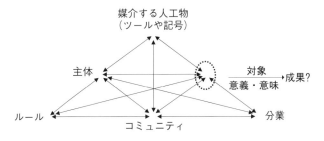

図2　集団的活動システム
＊同『活動理論と教育実践の創造 拡張的学習へ』83頁により筆者作成。

そして、右下の小さい三角形は、頂点の「分業」が、「活動システム内の知識や課題や作業の水平的な分配、および権力や地位の垂直的な分配のこと」を示し、「それは、『コミュニティ』のメンバーと、共有された『対象』との関係を媒介している」ことを意味しており、「『対象』に働きかけるメンバーのあいだで分業と協業が構築される」ことを示している（注13）。そして、中央にある逆三角形が、「主体」-「対象」-「コミュニティ」という活動システムの基本的な関係を表していることになる。

このような「『集団的活動システム』は、人びとの様々な組織や仕事の現場を分析するための概念的モデル」であり、「『教師教育』の仕事現場に適用した」ものであれば、図3のようになる（注14）としている。

さらに、このモデルは、「単一の活動システムだけでなく、相互に作用し合う複数の活動システムのあいだのネットワーク、対話、そして、多様で多元的な『声』（ものの見方や立場、生活様式）に対する理解を、活動理論において発展させようというもの」（注15）であり、複数の組織が関

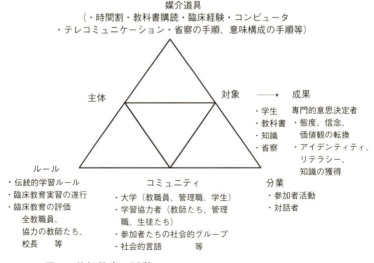

図3　教師教育の活動システム
＊同『活動理論と教育実践の創造 拡張的学習へ』86頁により筆者作成。

第11章　多様な指導を支えるチーム学校としての協働的な学校運営力

わる仕事において、横断的な仕事を目指していく学びとして図4のようなモデルを示している。

　このモデルは、「二つの活動システムが、対象1から『対話』によって対象2へと拡張」し、「拡張をとおして、双方の対象は近づき部分的に重なり合うことになる。この境界を超えた対象の『交換』において、新しい対象3が立ち現れ」、この「『第三の対象』は新たな『変革の種子』を生み出し」、「それぞれの活動システムにフィードバックされることによって、もとのシステムを変革していく原動力が生まれる」と説明している（注16）。

　ここでいう「対象」とは、「協働に参加するメンバーの『ニーズ』（欲求状態）が、具体的な『モノ』と出会う中で生まれ（集団的構成体）、集団的活動（分業と協業）の目的や動機になるもの」であり、このような「『対象』（目的・動機）は、文化歴史的に『意義』づけられたもので」、「かつ参加者によってパーソナルに『意味』づけられたもの」であるとする（注17）。「今日、活動理論は」、「複数の相違なる組織やコミュニティの境界線上に、部分的に共有された『第三の対象』を生み出し『相互作用する活動システム』をデザインすること」、それは、「『越境』であり、『連合』であり、『翻訳』」であり、「新たな社会的・協働的実践活動を発展させようとする」この形態は、「横断的に拡張され共有された対象へ向かう『多重化

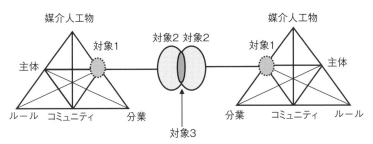

図4　第三世代活動理論のための最小限二つの相互作用する活動システムのモデル
＊同『活動理論と教育実践の創造 拡張的学習へ』94頁により筆者作成。

する活動システム』と表現できる」と説明する（注18）。つまり、実践現場が、異なる組織や専門分野からの参加者により課題を解決するための場として拡張され、共有されることを意味している。

3 ● 文化歴史的活動理論と協働的実践活動としてのチーム学校

　激変する世の中で、現在の学校における教師の仕事は、これまで以上に拡大しており、複雑化・多様化する課題や責任、また、ICTをはじめとした先端技術等の進展が、教師一人一人に戸惑いや葛藤をもたらしている。しかし、「新たな教師像の構築は、何よりも教師自身が生きることになる矛盾や葛藤、衝突やストレス、格闘からしか始めること」ができず、「その格闘を変化へのエンジンに変えながら、教師自身が学び合い成長し合う協働のプロジェクトをつくりだしていくこと、すなわち『転換』と『越境』がいま必要で」あり、「教師の専門性の拡張」は、「対話的な社会的実践の場において生成されるもの」と山住氏は指摘する（注19）。

　また、「活動理論が対象とするのは、歴史的（文脈的）変化の中にある実践者たちの社会的・協働的な実践活動の新たな形態やパターンの生成であり」、エンゲストロームは、「このような活動の中心に、新しい実践活動を創造していく協働学習のモデル」として、「『拡張的学習』の理論を置いて」いる（注20）。この拡張的学習においては、「確定的な文化の再生産に偏重した学校学習の構造を転換し、現実の生活世界における問題発見、探求・調査、知識・技能の構造的理解と実践的応用、そして新しい文化の創造を学習の対象としていく学習で」あり、「科学・芸術の成果を知的・感情的・実践的ツール（道具）として応用し、それを現実の生活世界や社会的活動の創造へネットワークさせていくような学習活動である」と述べている（注21）。

　以上のことから、本章2と3で説明したエンゲストロームの「最小限二

つの相互作用する活動システムのモデル」や「拡張的学習」を基に考えると、ある対象（目的や動機）について学校や学校外の組織、つまり家庭・地域、関係機関等による複数の異なる活動システムが、各々で対象を拡張し共有する越境した場で、新たな活動をチームとして創造することにより、さらに効果的な学びを提供できるといえる。

　総合的な学習の時間やプロジェクト的な学び、また、子どもの問題行動に関する取組等、拡張的なネットワークを活かした協働的な実践活動を可能とするチームの存在が、今まで以上に重要となるのである。固定的ではなく、状況に応じた柔軟なチームとしての取組の実現には、チーム学校として協働的に活動できる運営力が一層求められる。

課題
- チーム学校の意義について考えよう
- 未来の子どもを育むための「学びの在り方」についいえ考えよう

注記

注1　中央教育審議会答申「チームとしての学校の在り方と今後の改善方策について」2015年、4-11頁、10-12頁
注2　同答申「チームとしての学校の在り方と今後の改善方策について」1頁
注3　山住勝広／ユーリア・エンゲストローム編『ノットワーキング　結び合う人間活動の創造へ』新曜社、2008年、序章1頁
注4　山住勝広著『活動理論と教育実践の創造　拡張的学習へ』関西大学出版部、2004年、73頁
注5　同『活動理論と教育実践の創造　拡張的学習へ』73頁
注6　同『活動理論と教育実践の創造　拡張的学習へ』72-73頁
注7　同『活動理論と教育実践の創造　拡張的学習へ』73頁
注8　同『活動理論と教育実践の創造　拡張的学習へ』91頁
注9　同『活動理論と教育実践の創造　拡張的学習へ』92頁
注10　同『活動理論と教育実践の創造　拡張的学習へ』82-83頁

Ⅳ　チーム学校を支える学校運営

注11　同『活動理論と教育実践の創造　拡張的学習へ』83頁
注12　同『活動理論と教育実践の創造　拡張的学習へ』84頁
注13　同『活動理論と教育実践の創造　拡張的学習へ』84頁
注14　同『活動理論と教育実践の創造　拡張的学習へ』85-86頁
注15　同『活動理論と教育実践の創造　拡張的学習へ』94頁
注16　同『活動理論と教育実践の創造　拡張的学習へ』94頁
注17　同『活動理論と教育実践の創造　拡張的学習へ』95頁
注18　前掲注3『ノットワーキング　結び合う人間活動の創造へ』新曜社、2008年、20-21頁
注19　前掲注4『活動理論と教育実践の創造　拡張的学習へ』221頁
注20　前掲注3『ノットワーキング　結び合う人間活動の創造へ』新曜社、2008年、81頁
注21　同『ノットワーキング　結び合う人間活動の創造へ』83頁

参考・引用文献

1　山住勝広著『活動理論と教育実践の創造　拡張的学習へ』関西大学出版部、2004年
2　山住勝広／ユーリア・エンゲストローム編『ノットワーキング　結び合う人間活動の創造へ』新曜社、2008年

終章 集団としての自律的な力を育むファシリテーターとしての教師

1 ● ファシリテーション

　ファシリテーションとは、例えば、問題や課題をかかえるある集団が目的達成に向けスムーズに解決できるよう支援することで、堀公俊氏の言葉を借りれば、「集団による知的相互作用を促進する働き」、また「中立な立場で、チームのプロセスを管理し、チームワークを引き出し、そのチームの成果が最大となるよう支援する」ことといえる（注1）。そして、その役を担うのがファシリテーターである。堀氏は、ファシリテーションのポイントとして以下の二つを挙げている。

- 活動の内容（コンテンツ）そのものは、チームに任せて、そこに至る過程（プロセス）のみをかじ取りすること
- 中立的な立場で活動を支援すること

　これにより、「活動のイニシアティブをとりながらも、成果に対する主体性をチームに与える」とともに、「客観的で納得度の高い成果を引き出して」いくことができ、「ファシリテーターへの信頼が生まれ、チームの自律的な力を引き出すことができる」と述べる（注2）。

　学校教育においては、子ども一人一人の自律的な学びが重視されており、まさに、教師は、子ども同士あるいは、子どもと教師の人間関係を大切にした個の学びや協働的な学びを促すファシリテーターとしての役割が重要となる。日々の授業であれば、教師がいつも先頭に立って解決方法を示し、発問を繰り返しながら決まった道筋をたどらせることに終始した授業とは

異なる。教師は、子ども同士の相互作用を大切にした対話の場をつくり多様な意見や考えを整理し活かしながら、ときに意見の相違による議論になったとしても、否定ではなく批判的に検討し理解を深めることで合意に至るような進行役に努め、子どもの自律的な学びを支援する授業を実践していく必要がある。

　つまり、<u>指導性が強くいつも子どもを引っ張っていくリーダーとしての教師</u>ではなく、<u>支援型リーダーとして一人一人の主体性を育む役割を担う教師</u>への移行を意味している。

2 ● ファシリテーターの技術

　堀氏は、ファシリテーターに求められる実践的スキルは広範囲であり、活用分野によっても変わるが、例えば企業における会議やプロジェクトでの問題解決型のファシリテーションとしては、「場のデザインのスキル」、「対人関係のスキル」、「構造化のスキル」、「合意形成のスキル」の４つを挙げている（注3）。以下、堀氏の説明を基に図１で示し、解説する。

　（１）場のデザインのスキルは、理解と共感を深めながらアイディアを広げていけるように誘導する。どんな意見でも発言できる安心安全な雰囲気や空間となる環境を用意する。

　（２）対人関係のスキルは、テーマに対して多様な視点から考えることで、より創造的なアイディアが出されるようなコミュニケーションを図ることである。そのための重要な行為が傾聴である。「相手の話に全神経をフォーカス」し、「相手の表情や動作にも注意を払い」、「相手の眼を見ながら、相手の言葉を待つ」ことが、「正しい傾聴」になり、「相手の言う通りに話を受け止め、共感」するとともに、相手も「受け入れられたという安心感」をもつことができる（注4）。

　（３）構造化のスキルは、出された異なる意見を整理しまとめる段階であるが、大切なこととして論理を基に同じ解釈に向かうということである。

終章　集団としての自律的な力を育むファシリテーターとしての教師

	スキル	ステップ	内容
(1)	場のデザインのスキル（場をつくり、つなげる）	共有	・知的相互作用の場づくり（目標の共有、協働意欲の醸成までチームビルディングを行う） ・活動のプロセス設計（活動の目的とチームの状況に応じて一つ一つのアクティビティを組み立てる）
(2)	対人関係のスキル（受け止め、引き出す）	発散	・チーム意識と相互理解を深める（自由に語り合う、あらゆる仮説を引き出す） ・傾聴、復唱、質問、主張、非言語メッセージの解読を行う
(3)	構造化のスキル（かみ合わせ、整理する）	収束	・議論の全体像を整理し、論点を絞る（図解を使い構造化手法を用いて議論を整理する） ・ロジカルシンキングや議論に応じた構造化ツールを使う
(4)	合意形成のスキル（まとめて、分かち合う）	決定	・創造的コンセンサスに向けた意見のまとめ（様々な対立、葛藤が生まれるコンフリクト・マネジメントのスキルが求められる） ・合意後は、体験を学習へ、学習を行動へ結びつける技術が大切になる

図1　問題解決型ファシリテーションにおける4つのスキル
＊堀公俊著『ファシリテーション入門』日経文庫、2004年、51-55頁により筆者作成。

論理とは「話の道筋」のことで、「①話の前提となる知識、②根拠（理由）、③主張したい結論の三つ」をそろえることである（注5）。そして、発言全体を整理して、ポイントをわかりやすく言い換えるための例として、ロジックツリーをつくり発言を整理するとともに、膨大な意見をまとめるために「『同じものを束ねる』（ブロック化）と『順番を並べる』（体系化）のふたつを組み合わせて」、「構造化」することが大切である（注6）。

（4）合意形成のスキルは、意思決定に向け合意形成を図るために、「何らかの基準にもとづいて選択肢を評価し、最良のものを選び取る」という「合理的」で「民主的に意思決定」を行うことであるが、ここでは意見の

違いによる「対立や葛藤、衝突、紛争など」の「コンフリクト」が生じる（注7）。この「コンフリクトを前向きにとらえ」、「プラスの価値へと転化」していくためには、お互いの「考え方の枠組み（コンテクスト）」の「共感的な理解」が必要であり、お互いにとって満足できる考えを一緒に考えていくことである（注8）。そして、意思決定できたならば、振り返りを行い、定着を図るとともに、次の行動へつなげることが大切である。学習を深めるプロセスとしての具体的な働きかけに「①気づきを与える、②気づきを分かち合う、③意味を考えさせる、④学びを一般化する、⑤応用を考えさせる、⑥実行を促す」というものがある（注9）。

現在では、学校教育においても、このようなファシリテーションを応用して積極的に各教科をはじめ学級活動等で活用することにより、主体的な対話を通した学級づくりに活かされている。

授業においては、子ども一人一人が学習を自分ごととして、自律的に取り組むことができるような教師の関わりが重要となる。そのために、教師は決まった方法を当てはめ、知識注入に終始した（形式化、硬直化した）授業からの脱却を図り、問題の解決やその過程における対話を通して合意形成に至るようなファシリテーションできる力を教師はもとより、子ども一人一人も身につけていく必要がある。

3 ● ファシリテーションを活かした授業

ファシリテーションを活かした「主体的・対話的で深い学び」の実現に向けた道徳科の授業づくりとして、阿部隆幸氏・ちょんせいこ氏の著書「『学び合い』×ファシリテーションで主体的・対話的な子どもを育てる」（2017）を基に、事例を紹介する（注10）。ここでは、ホワイトボードを活用し、意見を可視化する（発散、収束、活用を色分けしてプロセスを明確にする）とともに、深い話し合いを進めていく（ホワイトボード・ミーティング）方法による小学校道徳科における授業実践である（「卓球は四

終章　集団としての自律的な力を育むファシリテーターとしての教師

人まで」文部科学省読み物資料集、2011 年を活用)。

　ところで、主体的・対話的な授業は、どんなに素晴らしいテーマであろうと、また、どんなに対話の時間が長かろうと、自然発生的にできるものではない。子どもたちに、教師の意図的、計画的、継続的な支援や指導を行うことで、体験を通して徐々に実現されるものである。

　したがって、教師自身がファシリテーションできる力を体験的に継続して学びながら支援や指導の工夫改善を図っていくことで、子ども一人一人のファシリテーションできる力も、段階的に育まれていくのである。

　ホワイトボード・ミーティングの特徴は、以下のとおりである（注11）。

特徴1	ホワイトボードに意見を可視化する
特徴2	進行役はファシリテーター、参加者はサイドワーカーである
特徴3	「ホワイトボード・ミーティング質問の技カード」*を活用し、深い情報共有を進める
特徴4	マーカーの色分けをして、話し合いのプロセスを作る
【発散】	(黒) 意見をどんどん出す（ブレーンストーミング）
【収束】	(赤) 立ち止まって方向づけをする（構造化）
【活用】	(青) 行動計画や役割分担を決める

＊「ホワイトボード・ミーティング質問の技カード」とは、以下の９つのオープン・クエスチョンを指す（注12）

① ～というと？
② どんな感じ？
③ 例えば？
④ もう少し詳しく教えてください
⑤ 具体的にどんな感じ？
⑥ どんなイメージ？
⑦ エピソードを教えてください
⑧ なんでもいいですよ
⑨ ほかには？

○あらすじ

　しゅんは、ひろし、さとし、あきらをさそって、4人でスポーツセンターへ行き、卓球をする約束をしていた。そこに、卓球クラブに入っている大の卓球好きのとおるが、「ぼくも卓球をやりたいな。仲間に入れてくれないか。」と言ってきたが、しゅんは、ダブルスの試合をするから4人でないとだめだと断わる。その日の帰り、しゅんは自分の行いを反省し、一緒に卓球をしようと誘うが、とおるは「卓球は4人までなんだろ。」と言って帰ってしまう。その後、4人で卓球をするが、しゅんはあまり楽しくなかった。そこで4人で相談し、とおるに謝ることにする。

○事前準備

・ホワイトボード・ミーティングの練習を積み重ねる。
（・5人の登場人物の様子を劇で演じる人を決め、練習する。）

○授業の流れ（簡略）

①教師が、「卓球は四人まで」を範読する。
　　阿部隆幸氏・ちょんせいこ氏の著書では範読後に、寸劇やグループ音読を行い内容の共通理解を図っている。
②グループで感想を交流する。
　　ルールとして、話したくないことは話さなくてよい。
③ホワイトボード・ミーティングによる話し合い
　　話し合いのテーマの発表「どうやったら5人で楽しく遊べるか」
　　卓球はダブルスだと4人であること、とおるは卓球クラブに所属していること等、どんな内容を読み取れるのかを考えながら、ホワイトボード・ミーティングを進める。方法のみ提示する。

終章　集団としての自律的な力を育むファシリテーターとしての教師

指示
　「4人は翌日、校門でとおる君を待っています。そして、とおる君も含め5人で卓球をするように誘います。5人になったときに、4人で卓球をするよりも楽しめる工夫を考えましょう」

説明
　発散、収束、活用の問いを説明（3～4人のグループで取り組む）
【発散】5人で楽しく卓球をするためのアイディアとは？　　3分（3～4回）
【収束】その中で実際にできそうなこと　　　　　　　　　　2分
【活用】とおるくんへのメッセージ　　　　　　　　　　　　2分
【発表】その他のグループの内容を共有（全体で共有）

グループごとに活用するホワイトボードの例

　　　　　　　　　　5人で楽しく遊ぶ方法

| 子どもの考え | 子どもの考え | 子どもの考え |

＊【収束】はその中で、よいアイディアであると考えるものを選ぶこと。ただし、1つの意見だけでなく、2つの意見の組み合わせもよいこと。

＊ 合意形成の部分は赤色枠で、それ以外に大切と考えるポイントには赤色で線引き等させる

＊【活用】はとおる君へのメッセージである。他の登場人物の立場に立って、自分がとおる君に声をかけるとしたら、どんなメッセージになのか一人ずつ考えて書く。

④振り返り

　　授業で学んだことやわかったこと、疑問や質問などをノートに記述しまとめる。

　ホワイトボード・ミーティングによる進め方は、学級の取組の実態に応じて変更可能である。簡略化して示したが（詳細は書籍を参照のこと）、重要なことは、様々な教科等における授業のねらいの達成に向けた工夫・改善を図ることである。

> **課題**
> ・ファシリテーションの重要性について考えよう
> ・ファシリテーターの心得について考えよう

注記

注1　堀公俊著『ファシリテーション入門』日経文庫、2004年、21-22頁
注2　同『ファシリテーション入門』22頁
注3　同『ファシリテーション入門』51-55頁
注4　同『ファシリテーション入門』91頁
注5　同『ファシリテーション入門』125頁
注6　同『ファシリテーション入門』146頁
注7　同『ファシリテーション入門』161頁、165頁、169頁
注8　同『ファシリテーション入門』170-173頁
注9　同『ファシリテーション入門』178-179頁
注10　阿部隆幸・ちょんせいこ著「『学び合い』×ファシリテーションで主体的・対話的な子どもを育てる」学事出版、2017、107-114頁
注11　同「『学び合い』×ファシリテーションで主体的・対話的な子どもを育てる」14頁
注12　同「『学び合い』×ファシリテーションで主体的・対話的な子どもを育てる」29頁

おわりに／未来の教師

　変化の激しい未来を生きる子どもたちを育む教師は、変化を柔軟に受け止めるとともに、その背景や根拠を見極め、偏った見方や権力等に流され順応するのではなく、自ら真実を探りながら生きていくことのできる自律した教師といえる。わずか2、3年前、否定的に表現されていたことが、現在では肯定的な表現に、または、肯定的な表現が否定的な表現に変わる等、不透明で不確実な社会状況を考えると、目の前の情報を鵜呑みにして慌てふためくような生き方とは決別しなければならない。まさに、今ここにいる自分はどう考え、判断・決断し、行動に移すのか、自分自身の生き方を追究できる教師が、子どもにも自律性を育むことができると考える。

　ギリシアの哲学者ソクラテスは、「自分が何も知らないということを知っている」分、他の者より知恵者であると自覚する。このことを「無知の知（不知の自覚）」というが、ソクラテスは対話を通して相手の矛盾を指摘しながら真理を追究していく手法「産婆術（問答法）」により、相手が自分の信念や考えを深め、真理を追究していくことを促した。

　また、彼の弟子プラトンは、ソクラテスの教えを基にイデア論や洞窟の比喩を提唱したが、それは教育論としても有名である。ここでいうイデアとは、理性を通じてのみ得られる物事の真実の姿（本質）を意味しており、プラトンはこの現実世界は、真実在としてのイデア界の影、すなわち不完全な世界にほかならないという。そして、著書『国家』のなかで、洞窟の比喩を使って善のイデアを語っている。鎖につながれた人間が洞窟にいて、いつも洞窟の壁に映る影を見ており、それを真実在と思っている。したがって、真実在を捉えようとするならば、洞窟を出て外の太陽の光の下で見なければならないとし、その太陽の光に当たる善のイデアに向かい認識しなければならないという。この外の真実在の世界に向かわせ体験すること、「向け変えの技術」こそが、本当の教育であるとする。

おわりに／未来の教師

　このことからも、「知っているつもり」や「当たり前」のことを疑う、否定ではなく批判的に観て、考える力を育むことの重要性が理解できる。形式的に知識を暗記させたり、はじめから権威ある人の言う通りに行動させたり、効率を重視し考えさせずにみんなと同じ行動を強要することが教育ではないのである。発達段階に応じた支援や指導により、子ども自らが問いをもち、情報を自分の方法で調べ収集・整理したり、比較・分析を通して判断したりして、自己決定に基づいた言動に至るという一連の流れを繰り返しながら学びを深めていくことのできるような教師の支援や指導が必要不可欠である。すなわち、学年段階や学校段階に応じて探究的に学ぶ力を育むことのできる、そして、自律的な自分の「生き方」を身につけていくことのできる教育を推進できる、つまり「新時代の教育をクリエイトする教師」が求められているのである。

　激変し不確実で、正解のない世の中で、たくましく生きる子どもを育むために、まず教師自身が世の中の変化を鵜呑みにせず、騙されず、試行錯誤を繰り返しながら学び続け、自律した教師として、子どもたちの教育に尽力されることを切に望む。

　最後になりましたが、本書は、東洋館出版社編集部の五十嵐康生様に特段のご配慮をいただき完成することができました。ここに、感謝の意を表します。ありがとうございました。

令和6年11月

棡澤　実

執筆者一覧（【 】内は執筆担当箇所）

梻澤　実
北海道教育大学釧路校准教授・北海道教育大学へき地・小規模校教育研究センターセンター員
【はじめに、第1章、第2章、第3章、第4章、第6章、第7章、第11章、終章、おわりに】

玉井康之
北海道教育大学釧路校教授・副学長・北海道教育大学へき地・小規模校教育研究センターセンター長
【第5章、第9章、第10章（川前あゆみと共著）】

川前あゆみ
北海道教育大学釧路校教授・北海道教育大学へき地・小規模校教育研究センター副センター長
【第10章（玉井康之と共著）】

小野豪大
北海道教育大学釧路校講師・北海道教育大学へき地・小規模校教育研究センターセンター員
【第8章】

編著者紹介

楜澤　実（くるみさわ　みのる）

北海道教育大学釧路校准教授
北海道生まれ。北海道教育大学卒業、兵庫教育大学大学院修士課程修了。公立小学校教諭、北海道教育委員会指導主事、公立小学校教頭、地方教育委員会指導室室長、市教育研究所所長、公立小学校校長を経て、現職。北海道教育大学へき地・小規模校教育研究センターセンター員。学級経営、道徳教育、教師教育を専門にしている。
著書に『学級経営の基盤をつくる5つの観点と15の方策』（共編著・学事出版）、『自律的・協働的な学びを創る教師の役割』（共編著・学事出版）、『自律的な「生き方」を創る道徳教育』（単著・東洋館出版社）、『考える道徳を創る 小学校 新モラルジレンマ教材と授業展開』（共著・明治図書）等がある。

新時代の教育をクリエイトする教師

2025(令和7)年4月18日 初版第1刷発行

編著者：梶澤　実
発行者：錦織圭之介
発行所：株式会社　東洋館出版社
　　　　〒101-0054 東京都千代田区神田錦町2丁目9番1号
　　　　　　　　　コンフォール安田ビル2階
　　　代　表　電話 03-6778-4343　FAX 03-5281-8091
　　　営業部　電話 03-6778-7278　FAX 03-5281-8092
　　　振　替　00180-7-96823
　　　Ｕ Ｒ Ｌ　https://www.toyokan.co.jp

印刷・製本：藤原印刷株式会社
装幀・本文デザイン：藤原印刷株式会社

ISBN978-4-491-05870-2　　　　　　　　　　Printed in Japan

自律的な「生き方」を創る道徳教育

棚澤 実 著

　加速度的に変化する社会においては、柔軟に対応し自らの解決策により、たくましく自律的に生きていくことのできる子どもを育む必要がある。自律的な「生き方」を創っていくためには、いつも同調圧力による同調行動や、お決まりのことしか行えない思考停止状態からの脱却が鍵となる。そのため、本書では、改めて「自律的な生き方を創る」という視点から、道徳教育を捉え直した。「主体的・対話的で深い学び」や「道徳性の発達」、「道徳科の授業づくり」、「評価」、「情報モラル」等を「自律的な生き方」との関わりで述べている。

●税込価格 2,420円　●A5判　●184頁

東洋館出版社